Dorle Pusch

Wir Missionarskinder unterwegs

Hänssler-Verlag
Neuhausen-Stuttgart

CIP-Kurztitelaufnahme der Deutschen Bibliothek

Pusch, Dorle:
Wir Missionarskinder unterwegs / Dorle Pusch.
– Neuhausen-Stuttgart : Hänssler, 1981.
(Telos-Bücher ; Nr. 3575 : Telos-Jugendpaperback)

NE: GT

ISBN 3-7751-0644-8

Telos-Jugendpaperback 3575

Umschlaggestaltung: Walter Rieck
Satz: Bauer & Bökeler GmbH, Denkendorf
Druck: St. Johannis-Druckerei, 7630 Lahr 12

Inhalt

Vorwort

Was sind Missionare eigentlich für Leute? Da stehen sie in der Nationaltracht ihres Landes auf dem Podium und erzählen von fremden Ländern. Sie scheinen keine Angst zu haben vor den Gefahren des Urwalds, vor dem oft unerträglich heißen Klima und den fremden Menschen mit ihrer so andersartigen Kultur. Müssen das nicht ganz besondere Menschen sein, die unter solchen Umständen Gott dienen wollen?
Dieses Buch, die Fortsetzung des Buches »Wir Missionarskinder erzählen«, nimmt uns mitten hinein in das Alltagsleben einer Missionarsfamilie. Da geht es in der Schule und zu Hause oft gar nicht anders zu als bei uns in Deutschland. Missionare sind keine besonderen Menschen, aber sie sind unterwegs für Gott, und dabei erleben sie viel Besonderes.
Lebendig und echt schildert dieses Buch die abenteuerlichen Fahrten der Missionarsfamilie durch den afrikanischen Busch, immer unterwegs zu Menschen, die noch nichts von Jesus wissen.
Der Heimaturlaub wirft Probleme auf: Wo werden sie wohnen? Werden die Kinder in der deutschen Schule mitkommen? Alles ist so anders als in Afrika. Dringend suchen sie nach einer Lehrerin für die Kinder in der Missionsschule. Davon hängt ab, ob die Familie überhaupt wieder ausreisen kann. Beten und warten, was Gott tun wird, heißt ihre Parole. Sie haben gelernt, daß man mit Gott über alles reden kann. Da wird jeder Tag zum Abenteuer. Sie erfahren, wie Gott Wunder tut in manchen aussichtslosen Lagen.
Dieses Buch will uns Mut machen zur Mission. Gott sucht keine Supermenschen, sondern Menschen wie du und ich, die es wagen, ihr ganzes Leben für Gott einzusetzen. Es will eine Hilfe sein, Gott auch in unseren Ländern in den Alltag hineinzunehmen und so seinen Beistand und seine Wunder zu erfahren. Und schließlich fordert uns dieses Buch auf zum Gebet für alle, die in der Mission an vorderster Front stehen und manchen Gefahren und Entbehrungen ausgesetzt sind.

DEUTSCHE MISSIONSGEMEINSCHAFT
Bruno Herm

Wir stellen uns vor

Manche von euch haben unser erstes Buch »Wir Missionarskinder erzählen« gelesen und kennen uns schon.
Für die anderen wollen wir uns jetzt erst einmal vorstellen:
In unserer Familie gibt es nur Männer, bis auf unsere Mutter natürlich. Sie ist das einzige Mädchen!
Von uns Kindern wurde zuerst Martin geboren. Er ist also der Älteste. Danach kamen noch Christoph, Dirk und zuletzt Ralph dazu.
Zu bestimmten Zeiten des Jahres ist es bei uns so:
Unser Vater ist sechs Jahre älter als unsere Mutter.
Martin ist sechs Jahre älter als Dirk.
Christoph ist sechs Jahre älter als Ralph.
Zur Zeit sind wir alle zusammen genau 120 Jahre alt, aber das braucht ihr euch nicht zu merken, denn es ändert sich doch jedes Jahr.
Genauso ist es mit unserer Größe. Immer am Muttertag werden wir an die Wand gestellt und gemessen, und darum wissen wir, daß wir jetzt genau 9 m groß sind. Aber wie gesagt, das ändert sich laufend!
Weil ihr nun alles andere in diesem Buch lest, beenden wir hiermit unsere Vorstellung!

Die große Reise kommt in Sicht

»Die Post kommt!« schrie Dirk und flitzte zum Auto, das gerade vor dem Haus hielt. Tatsächlich, da waren ein paar Briefe für uns dabei, und Dirk machte ein zufriedenes Gesicht.

Unsere Mutter besah sich seine Beute. »Seht mal!« sagte sie. »Da steht schon vorn auf dem Umschlag drauf: ›Freudiges Ereignis!‹ Da ist bestimmt ein Baby angekommen.« Sie drehte den Brief um und mußte lachen. Die Absender waren nämlich schon lange Großeltern und bekamen bestimmt kein Kind mehr. Plötzlich stutzten wir alle. Wenn es kein Baby war, konnte dann das freudige Ereignis vielleicht . . .

Stophi holte den Brieföffner herbei, Dirk zappelte aufgeregt, Martin rückte die Brille gerade. Gespannt warteten wir. Unsere Mutter überflog die ersten Zeilen. »Tatsächlich!« rief sie. »Sie haben eine gefunden.« Na, das war vielleicht ein Ereignis! Nachdem wir nun monatelang gebetet hatten . . .

Aber halt, ihr wißt ja noch gar nicht, worum es geht. Also: Wir hatten in Deutschland eine Wohnung bekommen! Seit drei Jahren waren wir nämlich in Afrika, wo unser Vater im Busch als Missionar arbeitete. Nun rückte der Heimataufenthalt näher, und da brauchten wir natürlich eine Wohnung in Deutschland. Unsere Freunde und Verwandten hatten alles mögliche unternommen, um eine zu finden. Sie studierten täglich die Zeitung, riefen überall sofort an, wenn eine angeboten wurde und gaben auch selbst Anzeigen auf. Alles war umsonst gewesen. Die billigen Wohnungen waren zu klein, die großen zu teuer. Der eine Hausbesitzer wollte keine Familie mit vier Kindern, beim anderen mußte man erst eine große Summe einbezahlen, und der dritte wollte mindestens für zwei Jahre vermieten. Dabei wollten wir nur ein Jahr in Deutschland bleiben und dann wieder nach Afrika zurückkommen.

Bei jedem Brief aus unserer norddeutschen Heimat waren wir neu gespannt gewesen. Aber immer hieß es: »Wir haben noch keine Wohnung für euch gefunden. Betet nur weiter.« Unsere Eltern, die schon so oft erlebt hatten, wie Gott Gebete erhörte und für alles sorgte, waren ganz fröhlich und zuversichtlich, und als die Zeit immer knapper wurde, da fanden auch wir das Beten und Warten richtig spannend.

Und nun war unser Gebet also erhört. Wir hatten eine Wohnung! Aber nicht einfach irgendeine.

Nein! Wir würden nur zwei Häuser von unserer Oma entfernt wohnen, dazu mit Aussicht auf den Kurpark, und unser Schulweg würde jedesmal ein Spaziergang durch den Park sein. Da haben wir uns alle ganz doll gefreut und jeden Abend dem Vater im Himmel für die neue Wohnung gedankt, die er selbst für uns ausgesucht hatte.

Nachdem wir nun endlich wußten, daß unserer Reise nichts mehr im Wege stand, fingen wir beiden Großen an, von Deutschland zu schwärmen. Dirk und Ralph waren bei unserer Ausreise nämlich noch so klein gewesen, daß sie sich an nichts mehr erinnern konnten.

»Dort ziehen wir jeden Tag Unterhemden an und fast immer lange Hosen und Strümpfe«, prophezeite Christoph, und Martin meinte: »Denkt nur, dort kommt aus allen Wasserhähnen Filterwasser. Man duscht sogar mit Trinkwasser und badet sich darin.«

»Aber das ist doch glatte Verschwendung!« empörte sich Dirk. Hier müssen wir das Wasser zum Trinken nämlich erst filtern und bewahren es in besonderen Flaschen auf.

Uns fiel immer noch etwas Neues ein. »In Deutschland essen wir wieder Äpfel«, erklärten wir unseren Brüdern, »und Weintrauben und Birnen.« Und weil die beiden sich darunter gar nichts vorstellen konnten, holten wir Mamas Kochbuch mit den Obstrezepten hervor und suchten die Bilder von Birnen, Himbeeren, Erdbeeren und Weintrauben heraus.

Unser Vater aber hatte ganz andere Sorgen. »Ich weiß gar nicht, was wir den Christen hier zum Abschied schenken sollen«, sagte er. »Sie haben mir heute erklärt: Wer sich im Bétéland wohlgefühlt hat, hinterläßt Geschenke, wenn er weggeht.«

Ihr müßt wissen, daß unser Vater ungefähr zwanzig Gemeinden im Busch rund um die Stadt Daloa besuchte. Er unterrichtete die Gemeindeältesten und predigte reihum in den Dörfern.

»Geschenke für über 400 Leute?« überlegte unsere Mutter. Da war wirklich guter Rat teuer. Aber schließlich hatte Papa doch eine gute Idee. Er sägte zwanzig gleiche Bretter zurecht, hobelte und schmirgelte sie schön glatt und ließ darauf in weißen, gleichmäßigen Buchstaben schreiben: Eglise protestante. Das heißt so viel wie »Evangelische Gemeinde«.

Als wir dann anfingen, überall bei den Bétés die letzten Gottesdienste zu halten, überreichte Papa jedem Gemeindeältesten solch ein Schild und dazu zwei Nägel, mit denen er es an die Kapelle nageln konnte. Darüber haben sich alle sehr gefreut.

Die Reisevorbereitungen

Zwei Wochen vor der großen Reise fingen wir an zu packen, und das wurden stramme Tage. Nachmittags nach den Schularbeiten konnten wir nun nicht mehr radfahren oder Ball spielen, sondern mußten unsere Schubladen und Schränke aufräumen. Auch unsere Eltern waren den ganzen Tag am Sortieren und am Packen.

Jeder Missionar, der in Heimaturlaub geht, kann nämlich nicht einfach seine Koffer packen und abreisen, sondern er muß das ganze Haus räumen, damit andere Missionare in der Zwischenzeit darin wohnen können.

So verstauten wir unser ganzes Geschirr, die Wäsche und all unsere vielen Bücher wieder in die Fässer, in denen sie per Schiff aus Deutschland gekommen waren. Außerdem weiß man nie genau, ob man nach dem Heimaturlaub ganz bestimmt wieder zurückkommt. Man kann z. B. krank werden. Darum muß man alles, was man in einem solchen Fall nach Deutschland zurückgeschickt haben möchte, gleich seefest einpacken.

Für diese Fässer war unser Vater verantwortlich. Er fing im Büro bei seinen Büchern an und arbeitete sich mit seinen Fässern so allmählich durch das ganze Haus.

Unsere Mutter dagegen kümmerte sich um unser Fluggepäck und hätte sich deswegen beinahe mit der ganzen Familie verkracht. Pro Nase kann man im Flugzeug nämlich nur 20 kg mitnehmen, und da unsere Familie sechs Nasen hat, macht das genau 120 kg. Als wir nun all unsere Legosteine anschleppten, sagte unsere Mutter: »Die könnt ihr nicht mitnehmen. Das wird zu schwer.«

»Aber womit sollen wir denn das ganze Jahr über in Deutschland spielen?« fragte Dirk entgeistert.

Als Martin mit einem ganzen Stapel seiner Lieblingsbücher ankam, hieß es wieder: »Das wird zu schwer. Die mußt du hierlassen. Jeder kann nur ein Buch für die Reise mitnehmen.«

»Aber was soll ich denn das ganze Jahr über lesen?« Martin war ratlos.

Christoph hatte eine ganze Aktenmappe voll von alten Zeichnungen, die wollte er alle der Oma zeigen. Aber Mama winkte gleich ab. »Wo denkst du hin?« sagte sie. »Das wird zu schwer. Such die drei schönsten heraus, der Rest muß hierbleiben.«

Ralph wollte sein Dreirad mitnehmen, und das ging natürlich erst recht nicht. Unsere Begeisterung bekam einen ziemlichen Dämpfer. Na, das konnte ja heiter werden! Wir würden uns also ein Jahr lang mit Anstand langweilen müssen.

»Das wird zu schwer«, das mußte auch Papa einsehen, als er eine ganze Reihe Bibelkommentare, Nachschlagewerke und all seine verschiedenen Bibelübersetzungen auf die Waage legte. Er war ratlos: »Aber ich muß doch in Deutschland auch mal predigen«, murmelte er und verstaute schweren Herzens die meisten Bücher in den Hierbleibe-Fässern.

Als dann die Schule beendet war und die Ferien begannen, machten wir im Garten ein großes Feuer und verbrannten alte Hefte, Zeichnungen, Zeitungen und alles mögliche, was sich so in unseren Schubladen fand und was selbst für Papas Fässer nicht zugelassen wurde. Im Haus wurde es immer ungemütlicher und kahler, und im Schuppen kam eine volle Tonne zur anderen.

Da gab es noch mal eine Abwechslung in unserem Packalltag. Obwohl Papa sich schon überall in den Dörfern verabschiedet hatte und wir gar nicht mehr damit gerechnet hatten, noch einmal in den Busch zu fahren, starteten wir doch noch zu unserer allerletzten Reise zu den Bétés. Die Leute in Zogougbeu luden uns nämlich zu einem Abschiedsessen ein.

Als wir dort ankamen, stand schon die ganze Gemeinde am Dorfeingang und begleitete uns singend in den Hof, wo der Tisch gedeckt war. Es wurde schon dunkel, und Papa hängte seine Gaslampe an einen Baum. Dann begann das Festessen. Die Gemeindeältesten und wir saßen am Tisch, die anderen Leute alle auf Bänken drumherum.

Zuerst gab es Foutou mit Soße. Das sind gekochte und gestampfte Kochbananen. Wir essen alle furchtbar gern Foutou. Nur für die scharfe Soße schwärmen wir nicht, außer Papa und Mama. Nach dem Foutou mit der Fleischsoße gab es Reis mit Fischsoße, danach Pommes frites mit grünem Salat. Da staunt ihr sicher. Das ist auch gar kein afrikanisches Gericht, das hatten sie extra für uns gemacht.

Nach diesen drei Gängen waren wir rundherum satt und tranken nur noch genüßlich unsere Brause.

Da kam Emile, der Gemeindeälteste, und nahm die Gaslampe mit. Sie wollten jetzt den Festbraten holen, sagte er.

Den Festbraten? Wir hatten doch schon so viel gegessen! Wir staunten nicht schlecht, als die Leute jetzt anfingen, die Erde aufzubuddeln. Plötzlich breitete sich ein köstlicher Duft aus, so daß Stophi gleich schnupperte und meinte: »Mal sehen, was das gibt! Ich glaube, ein bißchen kann ich doch noch essen.«

Aus dem Loch in der Erde hoben die Leute ein ganzes dampfendes, knusprig gebratenes Ferkel heraus. So etwas hatten wir noch nie gesehen und erst recht nicht gegessen! Auf dem Tisch wurden nun alle Teller dicht an die Kante geschoben, damit die große Platte mit dem Ferkel darauf Platz hatte. Dann bekamen wir als Gäste die besten Stücke und jeder etwas von der leckeren Füllung. Und während wir mit Genuß kauten und die Knochen abnagten, erzählten uns die anderen, wie man so ein Ferkel brät.

Man gräbt also ein großes Loch in die Erde und schichtet genug Holz hinein. Dann zündet man es an, und wenn das ganze Holz zu richtiger schöner Glut geworden ist, legt man ein Eisengitter darüber und das ausgenommene und gefüllte Ferkel darauf. Bevor man nun das Loch wieder zuschaufelt, deckt man den Braten sorgfältig mit Bananenblättern ab, damit er sauber bleibt. Einen ganzen Tag läßt man das Ferkel so in der Erde, danach ist es gut durchgebrutzelt.

Jetzt wißt ihr, wie man es macht und könnt vielleicht in eurem Garten auch mal eins vergraben und braten.

Wir fliegen nach Deutschland

Diese Ferkelgeschichte war für uns das letzte große Ereignis in Afrika. Ein paar Tage später waren wir schon in der Hauptstadt Abidjan am Flughafen und kletterten gegen 10 Uhr abends in die große Sabena-Maschine. Beim Abflug lag die große Stadt mit all den vielen Lichtern unter uns und wurde immer kleiner. Wir mußten daran denken, mit welch gemischten Gefühlen wir hier vor drei Jahren gelandet waren. Damals war uns alles fremd und neu gewesen. Jetzt blickten wir auf eine wohlbekannte Stadt herab, auf die Lagune, den Seitenarm des Meeres, in der sich die Lichter spiegelten, und auf den hohen Turm des Hotels Ivoire.

Bald umgab uns nur noch dunkle Nacht, und wir machten es uns auf unseren Sitzen bequem. Wir waren gerade ein bißchen eingeschlafen, als die Stewardess wieder volle Beleuchtung einschaltete und das Essen servierte. Das wurde unser erstes Mittagessen um Mitternacht.

Aber auch hinterher wurde es kaum etwas mit dem Schlafen, denn jetzt konnten wir die aufgehende Sonne am Horizont beobachten, und es wurde bald immer heller. Auf unserer Uhr war es erst halb 4 Uhr, als wir schon in Brüssel landeten, denn dort war man zwei Stunden weiter. Da vergaßen wir alle Müdigkeit, hängten unsere Taschen um und stiegen erwartungsvoll aus dem Flugzeug. Wißt ihr, was uns zuallererst dort in Brüssel auffiel? Die frische Luft! Die frische Luft? Ja, drei Jahre lang hatten wir die schwere, feuchte Luft in Westafrika geatmet und dabei ganz vergessen, wie leicht und frisch das Atmen in Europa ist.

Beim Weiterflug war das Flugzeug nur halb besetzt. Wir suchten uns alle einen Fensterplatz und spähten erwartungsvoll hinaus. Wir sahen den Rhein, grüne Wälder, Felder und Städte. »Ist das schon Deutschland?« fragten wir die Stewardess. Sie nickte, und wir wunderten uns. Schließlich sollten wir doch erst um 7.35 Uhr in Frankfurt ankommen. Aber richtig: Den Zeitunterschied hatten wir nicht bedacht. Wir mußten lachen und fanden es toll, um 7.45 Uhr in Brüssel abzufliegen und um 7.35 Uhr in Frankfurt zu sein. Beinahe hätten wir bei all unseren Überlegungen den großen Augenblick der Landung verpaßt.

Nun waren wir also wieder in der Heimat! Dirk und Ralph äugten kritisch um sich, und wir Großen hatten gleich jemanden von der Deutschen Missionsgemeinschaft entdeckt. Das erste bekannte Gesicht in Deutschland! Das gab eine fröhliche Begrüßung, und bald darauf saßen wir im Auto auf der Fahrt zum Buchenauerhof und steckten mitten in dem Autobahngewimmel, das wir eben noch von oben gesehen hatten. Es war ganz ungewohnt, daß alle Autos deutsche Nummernschilder hatten, alle Verkehrszeichen in deutscher Sprache waren und man überall nur weiße Gesichter sah.

Am Buchenauerhof wurden wir so herzlich willkommen geheißen, daß wir uns gleich wieder zu Hause fühlten. Lustig, daß man hier mit allen Leuten deutsch reden konnte!

Der Kaffeetisch war gedeckt. Für uns Kinder gab es etwas ganz Tolles: Apfelsaft und Salzstangen! Ihr findet daran wahrscheinlich gar nichts Besonderes. Dann geht nur mal ein paar Jahre in den Busch. Danach werdet ihr staunen, was es in der Heimat alles an Besonderem gibt!

Keiner widersprach, als Papa später nach dem Mittagessen für alle einen Mittagsschlaf anordnete, denn jetzt merkten wir erst, wie hundemüde wir von der Reise und aller Aufregung waren.

Am Nachmittag kam schon wieder etwas Besonderes. Wir machten einen Waldspaziergang. Immerhin hatten wir die ganze Zeit in Afrika keinen gemacht, und für Ralph war es sogar der erste Waldspaziergang seines Lebens.

»Spürt ihr die würzige Luft?« fragte unser Vater, und wir atmeten tief durch. Dann entdeckten wir Blumen, von denen Martin und Christoph längst die Namen vergessen hatten. Bald hatten wir einen ganzen Strauß von Gänseblümchen, von rotem und weißem Klee, hellblauen Glockenblumen, weißen Taglichtnelken und blühendem Sauerampfer.

»Da kommt ein Auto!« riefen wir und sahen uns um. »Hier im Wald ein Auto?« wunderte sich unser Vater, und unsere Mutter lachte: »Das Rauschen kommt doch vom Wind, der durch die Baumkronen geht«, sagte sie. Tatsächlich! Wir standen still und lauschten. In Afrika ist es nämlich meistens windstill, nur kurz vor einem Regenguß kommt Sturm auf, und zwar so stark, daß im Haus die Gardinen waagerecht an den Fenstern flattern und alle offenen Türen laut zuknallen.

Nach unserem Waldspaziergang verschmausten wir mit großem Behagen die saftigen Pfirsiche, die wir in der Obstschale in unserem Wohnzimmer entdeckt hatten. Ralph strich über die samtene Haut der unbekannten Frucht und wollte nicht hineinbeißen. »Die schmecken fast wie Mangos«, redeten wir ihm zu. Aber er blieb mißtrauisch und wagte es lieber mit einem Apfel.

Ralph fastete in diesen ersten Tagen am Buchenauerhof noch oft, obwohl Tante Erna wirklich eine gute Köchin ist. Er kannte weder Rosen- noch Blumenkohl, er wollte keine eingelegten roten Rüben, wobei die doch Tante Ernas Spezialität sind, er würgte an seinen Kartoffeln und stocherte mißtrauisch in seiner Quarkspeise. Nachdem er zum ersten Mal Schwarzbrot probiert hatte, schob er es beiseite und sagte energisch: »Von dem Kuchen will ich nichts!« und als es Kirschen gab, rümpfte er die Nase und meinte: »Die Oliven mag ich nicht!«

Einmal kochte Tante Erna Reis. Da machte Ralph ein zufriedenes Gesicht und aß sich endlich mal richtig satt.

Eigentlich merkten wir alle erst jetzt, wie viele Früchte, Gemüsesorten und Leckereien wir die ganze Zeit in Afrika nicht gehabt hatten. Dort hatten wir all das kaum vermißt, gab es doch dafür saftige Ananas, süße Orangen, frische Erdnüsse und das beliebte Zuckerrohr.

Aber so schön es auch am Buchenauerhof war, wir mußten doch weiter Richtung Norden, denn dort in Schleswig-Holstein war unsere neue Wohnung, und dort wohnten unsere Verwandten und Freunde, die schon auf uns warteten. Wir packten also wieder unsere Koffer, und auf ging's zur letzten Reiseetappe.

Das gab vielleicht ein Hallo, als wir unsere Oma und unseren Opa wiedersahen! Das könnt ihr euch bestimmt vorstellen. Sie staunten, wie groß wir geworden waren, besonders Ralph, den alle nur als zwei Monate altes Baby kannten. Aber so herzlich ihn auch alle umarmten und küßten, er verzog doch keine

Miene, denn selbst Oma und Opa waren für ihn ganz fremde Leute. Erst nach ein paar Tagen freundete er sich mit ihnen an.

Und dann gingen wir in unsere neue Wohnung hinüber. Wir fuhren mit dem Fahrstuhl in die dritte Etage, schlossen die Tür auf... und staunten! Wir hatten eine kahle, ungemütliche Wohnung erwartet, aber da war eine ganze Kompanie Heinzelmännchen am Werk gewesen. An den Fenstern hingen Gardinen, die Betten waren fix und fertig bezogen, und in jedem Zimmer prangte ein prächtiger Willkommensstrauß. In der Küche summte der Kühlschrank, und alles für das erste Abendessen und das Frühstück am anderen Morgen stand darin parat. In der Eßecke auf dem Tisch erwartete uns eine große Schale Obst, und zu Ralphis großer Freude waren sogar Bananen dabei. Aber das Tollste kommt noch!

Wir trauten unseren Augen nicht, als wir ins Kinderzimmer kamen. Da stand doch wahrhaftig eine ausgediente Waschmitteltonne voll von Legosteinen. Daneben parkten eine ganze Reihe Autos und ein großer Schieber, und in der Ecke – Martins Gesicht verklärte sich – wartete ein ganzer Stapel Bücher! Stellt euch vor, wir hatten keinem geschrieben, daß wir unser Spielzeug in Afrika hatten lassen müssen. Trotzdem war jetzt so viel da! Ganz bestimmt hatte Gott selbst unsere Verwandten und Freunde daran erinnert. Er denkt eben nicht nur an die großen, unbedingt nötigen Dinge wie an die Wohnung, sondern er sorgt auch für die Kleinigkeiten, mit denen er uns Freude machen kann.

Als dann noch die Oma ankündigte: »... und morgen kaufe ich für Ralph ein schönes Dreirad«, da war unser Glück wirklich vollkommen.

Martin wollte sich gerade mit einem dicken Karl May verkrümeln, als es klingelte. Der ganze Gemeindechor stand mit Liederbüchern unterm Arm vor der Tür und wollte uns ein Ständchen bringen. Das gab eine fröhliche Begrüßung und viele Hände zu schütteln.

Müde und zufrieden lagen wir am Abend in unseren neuen Betten. Jetzt waren wir also richtig angekommen. Das ganze Jahr Heimaturlaub lag vor uns, und wir waren gespannt, was wir alles erleben würden.

Wir müssen in die Schule

Zuerst hatten wir noch Ferien und Zeit, uns an das Leben in Deutschland zu gewöhnen. Ihr werdet es kaum glauben, aber in den ersten Tagen vergaßen wir, uns eine Jacke überzuziehen und die Wohnungstür zuzumachen, wenn wir zum Spielen hinausliefen. In Afrika ist es draußen nämlich nie kühl, und unsere Haustür ist eine Pendeltür aus Fliegendraht, und die fällt von allein zu.

Wir fanden es auch höchst umständlich, daß wir immer erst klingeln mußten, wenn wir wieder reinwollten. Unsere Mutter mußte dann oben erst an die Sprechanlage gehen und fragen, wer vor der Tür stehe, bevor sie auf den Summer drückte. Ralph war noch zu klein, um an unseren Klingelknopf ranzukommen. So konnten wir ihn nie allein unten auf den Spielplatz lassen. Und wenn wir im Treppenhaus oder im Fahrstuhl zu laut waren, kam gleich der Hausmeister und sagte uns die Meinung. Wir vergaßen eben immer, daß wir einen guten Eindruck machen mußten. Die anderen Hausbewohner hatten nämlich eigentlich keine kinderreiche Familie aufnehmen wollen. Weil alle anderen die Wohnungen gekauft hatten, mußten alle mit den Mietern in der 3. Etage einverstanden sein. Vier Kinder, das schockte sie alle! Aber als sie hörten, der Vater sei Missionar, da meinten sie: »Das ist so etwas ähnliches wie Pastor, dann sind die Kinder bestimmt gut erzogen«, und alle willigten ein. Darum war es gut, daß wir schließlich doch noch richtig brave Mietshauskinder wurden.

Dann kam der Schulanfang und uns wurde ganz komisch zumute, wenn wir daran dachten. Wißt ihr, wie das mit der Schule in Afrika gewesen war? Da hatten wir morgens unsere Taschen geschnappt und waren schnell zum Schulhäuschen hinübergerannt. Dort hatte Onkel Robert uns alle in einem Raum unterrichtet, die erste, die zweite, die dritte, die vierte und die fünfte Klasse. Im ganzen waren wir in Spitzenzeiten sieben Schüler gewesen, und zu unserem Lehrer durften wir »du« sagen.

Uns stand also in einer richtigen deutschen Schule allerhand Neues bevor, und es war uns eine große Erleichterung, daß wir dem Herrn Jesus jeden Abend von unseren mulmigen Gefühlen sagen konnten. Ganz zuversichtlich trabten wir also am ersten Schultag los.

Martin war es gewohnt, der einzige im 5. Schuljahr zu sein, und jetzt kam er in der Realschule in die Klasse 6 e. Das bedeutete, daß es allein fünf Klassen mit je 30 Schülern im 6. Schuljahr gab! Und in der ganzen Schule waren über 2000 Kinder! Könnt ihr euch das Gewimmel auf dem Schulhof vorstellen? Aber vielleicht findet ihr das gar nicht so besonders, weil ihr schon immer in so eine große Schule geht. Jedenfalls war Martin am Anfang immer heilfroh, wenn er in dem Riesenhaus die richtige Klassentür erwischt hatte und wieder glücklich an seinem Tisch saß. Wenn dann der Unterricht anfing, konnte Martin gar nicht richtig zuhören. Er saß in der letzten Reihe und hatte 30 Mitschüler vor sich. Was es da alles zu sehen gab! Die einen tuschelten, die anderen schoben sich Zettel zu, einer malte voll Hingabe den Lehrer . . . Ihr wißt sicher auch, wie es da so zugeht. Für Martin war es alles neu. Bis jetzt hatte er nur immer brav zugehört, wenn Onkel Robert sprach. Wenn er Fragen hatte, konnte er sie gleich stellen, und wenn Onkel Robert etwas fragte, mußte Martin natürlich antworten. Es war schließlich kein anderer da.

Aber nun meldeten sich immer so viele, daß Martin kaum noch zu Wort kam. Selbst wenn er eine Antwort wußte, hob er gar nicht erst den Arm, denn er kam ja doch kaum mal dran. So saß er nur still da und guckte verwundert dem munteren Treiben der anderen zu. Es vergingen fast zwei Monate, bis er endlich richtig mitmachte.

Und dann der Turnunterricht! In Afrika hatten wir immer nur Gymnastik gemacht, waren gelaufen und hatten Fußball gespielt. Martin hatte noch nie an Ringen geturnt, noch nie einen Barren gesehen und kannte keine von den Übungen auf dem Trampolin. Seine Lehrerin stand ihm aber immer bei, wenn die anderen sich über ihn lustig machen wollten und erklärte allen, daß Geräteturnen eben ganz neu für Martin sei.

Christoph erging es nicht viel besser. Aber weil er noch in eine kleine Grundschule ging, fand er sich schneller zurecht.

Dirk hatte es am besten. Er wurde nämlich erst eingeschult und bekam als erster von uns eine richtige Schultüte zu seinem ersten Schultag. Bei ihm in der Klasse waren alle neu, da fiel es gar nicht auf, daß er frisch aus Afrika kam und keine Ahnung von einer richtigen Schule hatte. Trotzdem fiel er gleich in der zweiten Woche dumm auf. Seine ganze Klasse sollte vom Schularzt untersucht werden, und als die Reihe an ihn kam, siehe, da fand sich's, daß sich Herr Dirk Pusch ganz energisch weigerte, sich auszuziehen und untersuchen zu lassen. Er behauptete, er sei schon untersucht worden. Lehrerin, Ärztin und sogar der Rektor waren bald am Ende mit ihren pädagogischen Fähigkeiten, denn mit Dirk nimmt es so leicht keiner auf. Per Telefon wurde also unsere Mutter in die Schule gerufen. »Ihr Kind weigert sich, sich untersuchen zu lassen«, teilte ihr der Rektor mit frostiger Stimme mit. Und da stand der arme Sünder auch schon mit trotziger Miene.

»Aber Dirk!« rief unsere Mutter. »Was machst du für Sachen!«

Dirks Augen funkelten. »Ich seh das gar nicht ein«, empörte er sich. »Wo wir doch neulich drei Tage lang in Tübingen im Tropenheim untersucht worden sind und der Arzt extra gesagt hat, ich sei ganz gesund!«

Das war's also! Deswegen hatte er immer behauptet, er sei schon untersucht.

Unsere Mutter erklärte ihm in aller Ruhe, die Schulärztin habe eben die Unterlagen aus Tübingen nicht und müsse darum einige Untersuchungen wiederholen. Dirk sah das zwar nur halb ein, ging dann aber doch hinein zur Ärztin, wenn auch mit bitterbösem Gesicht. Erst als sie Augen und Gehör prüfte, setzte er eine freundliche Miene auf.

»Na, wirst du endlich vernünftig?« brummte die Ärztin. Aber unsere Mutter wußte, warum Dirk plötzlich so willig war. Augen und Ohren waren in Tübingen nämlich nicht untersucht worden, darum sah er ein, daß das jetzt nötig war.

Dirks Lehrerin mußte lachen, als sie von der Untersuchung in Tübingen hörte. »Der Junge ist auf jeden Fall schulreif«, meinte sie. »Der weiß, was er will!«

Nach ein paar Wochen sind wir aber doch alle ganz normale Schulkinder geworden und haben neue Freunde gefunden. Als wir später Zeugnisse bekamen, waren sie ganz ordentlich. Das waren übrigens unsere ersten deutschen Zeugnisse. Wir hatten vorher nur französische und schweizerische, und bei den schweizerischen hatten wir immer lauter Vieren, Fünfen und Sechsen, denn die Einsen sind bei den Schweizern die schlechtesten Zensuren.

Unterwegs im Reisedienst

Wir hörten mal von einem kleinen Jungen, der wollte, wenn er groß war, am liebsten Missionar in Heimaturlaub werden. Er dachte nämlich, dann brauche er die ganze Zeit über nichts anderes tun, als sich auszuruhen.

Da hatte er sich natürlich ganz mächtig getäuscht. Jeder Missionar darf zwar vier Wochen Urlaub machen, aber dann fängt der Reisedienst an.

»Was ist das nun wieder?« denkt ihr bestimmt. »Reisen ist doch ein Vergnügen und keine Arbeit.«

Darum wollen wir euch das nun erst mal erklären.

Wenn man als Missionar nach Afrika, Asien oder Südamerika geht, bekommt man dort von den Leuten natürlich kein Gehalt, höchstens mal eine Staude Bananen oder ein Kopftuch voll Reis. Damit man aber trotzdem leben kann, geben viele Christen in Deutschland etwas von ihrem Verdienst ab. Sie schicken dieses Geld zur Deutschen Missionsgemeinschaft, wo es gesammelt und regelmäßig an alle Missionare in der ganzen Welt weitergesandt wird.

Außerdem hat jeder Missionar in der Heimat viele Freunde, die regelmäßig für ihn und seine Arbeit beten. Die Christen, die Geld spenden, beten natürlich auch.

Diese Gebete der Freunde in der Heimat sind für den Missionar genauso wichtig wie der Motor für das Auto. Es nützt gar nichts, sich in ein flottes Auto zu setzen und am Steurrad zu drehen. Wenn da unter der Haube kein Motor ist, kommt man überhaupt nicht vorwärts.

Genauso hat es gar keinen Sinn, als Missionar in ein anderes Land zu gehen, wenn man keine Freunde hat, die regelmäßig für einen beten, denn dann kommt man mit der Missionsarbeit auch nicht voran, und es entscheidet sich doch keiner für Jesus. Sogar für den berühmten Apostel Paulus haben die Christen damals gebetet. Und wenn Paulus schon nichts ohne die Gebete der anderen tun konnte, können es die Missionare heute natürlich auch nicht.

Wenn nun der Missionar vom Missionsfeld zurückkommt, wollen alle seine Freunde gern hören, wie es ihm ergangen ist und wie Gott ihre Gebete erhört hat. Sie laden ihn darum in ihre Gemeinde ein, und dort hören dann gleich noch andere etwas von der Missionsarbeit und fangen womöglich auch noch an zu beten.

Das ist also der Grund, warum die Missionare mit Lichtbildern oder einem Film herumreisen und von ihrer Arbeit erzählen, und weil diese Reisen kein Vergnügen sind, darum nennt man sie Reisedienst.

Auch unsere Eltern hatten viele Einladungen bekommen. Da wollten Leute aus Kiel, aus Stuttgart, aus dem »Kohlenpott« und aus dem Schwarzwald etwas von der Missionsarbeit an der Elfenbeinküste hören.

Zuerst wurde also ein Reiseplan aufgestellt, damit es möglichst wenig unnötiges Hin- und Herfahren gab. Außerdem mußten die schönsten Dias herausgesucht und zusammengestellt werden, und unsere Mutter sorgte noch für einen ganzen Karton voll Sehenswürdigkeiten aus Afrika zum Ausstellen.

Die meisten Reisen machte unser Vater allein, denn wir Kinder mußten ja die Schulbank drücken, und unsere Mutter blieb zu Hause bei uns.

Über 30 000 km fuhr er im ganzen Reisedienst, und er besuchte nicht nur Gemeinden, sondern auch eine große Bibelschule und ein paar Studenten- und Jugendkreise. Er wollte nämlich gern, daß sich noch andere von Gott als Missionar hinausschicken lassen. Es gibt in Afrika und überall auf der Welt noch so viel zu tun, daß die Missionare vorläufig bestimmt nicht arbeitslos werden. In den Ferien und Wochenenden gingen wir aber oft als ganze Familie auf Reisen. Dabei wurden wir bald ein richtiges Team. Jeder von uns hatte seine Aufgaben. Wenn wir ankamen, trugen wir gemeinsam den Diaprojektor, den Vorführtisch, den Karton mit den Missionsprospekten und den Kasten mit den Ausstellungsstücken aus Afrika in die Kirche oder in das Gemeindehaus. Martin breitete immer die Schriften aus, damit die Leute sich über die Elfenbeinküste und die Deutsche Missionsgemeinschaft informieren konnten. Mama baute den Elefantenzahn, die afrikanischen Zahnbürsten und die Bilderbücher auf, Christoph hielt die Kabelrolle parat, während unser Vater den Projektor aufbaute und Dirk und Ralph in allen Ecken des Saals nach der nächsten Steckdose fahndeten.

Wenn dann später der Lichtbildervortrag begann, wurde es uns mit der Zeit ziemlich langweilig, denn ihr könnt es euch wohl vorstellen, daß man ihn in- und auswendig kann, wenn man ihn ein dutzendmal gesehen hat!

Sogar Ralph wußte bald bestens Bescheid. Einmal saß er in der ersten Reihe und paßte gut auf, was Papa erzählte. Da kam das Bild von einer Taufe. Man sah Papa mit dem Täufling im Wasser stehen, und schon rief Ralph ganz laut durch den Saal: »Und gleich kippt er ihn um!«

Wir fuhren aber eigentlich doch gern mit unseren Eltern mit und lernten dabei viele Leute kennen. Oft wurden wir eingeladen. Da mußten wir uns natürlich immer gut benehmen, und mit der Zeit konnten wir Mutters Ermahnungen genauso in- und auswendig wie die Lichtbilder:

»Redet nicht so viel bei Tisch!«

»Sagt immer: ›Nein, danke!‹ oder: ›Ja, bitte!‹ «

»Häuft euch den Teller nicht so voll. Nachher schafft ihr nicht alles. Bedient euch lieber zweimal!«

Trotz aller Ermahnungen passierten ab und zu Pannen, die selbst unsere Mutter nicht vorhersehen konnte.

Einmal waren wir mittags und abends in verschiedenen Familien eingeladen. Mittags gab es Brathähnchen und zum Nachtisch Eis. Abends saßen wir dann ganz erwartungsvoll bei der zweiten Familie am Tisch. Die Hausfrau brachte das Essen und sagte: »Heute gibt es etwas Leckeres. Ich habe nämlich lange überlegt, was euch wohl schmeckt.«

Dabei stellte sie herrlich duftende Brathähnchen auf den Tisch, und eins ihrer Kinder posaunte dazu:

»Und zum Nachtisch gibt es Eis!«

»Ach«, platzte Christoph heraus, »genau dasselbe haben wir heute mittag schon gegessen!«

Er verstand absolut nicht Mutters unwilligen Blick. Später hat sie uns erklärt, daß die Hausfrau doch sicher enttäuscht war. Erst hatte sie lange überlegt, was sie kochen sollte. Dann hatte sie sich viel Mühe gegeben, alles lecker zuzubereiten, und schließlich mußte sie hören, daß das alles für uns nur eine Wiederholung vom Mittag war.

»Wärst du mit deinem Mund nicht so voreilig gewesen, hättest du ihr die Enttäuschung erspart«, sagte unsere Mutter. Das hatten wir alle gut verstanden und nahmen uns fest vor, das nächste Mal still zu sein. Aber es gab nie wieder mittags und abends Hähnchen und Eis, obwohl uns das wirklich nichts ausgemacht hätte, denn wir mögen es alle furchtbar gerne.

Mit den guten Tischmanieren war es da anders. Wir hatten noch viele Gelegenheiten, sie zu praktizieren, und unsere Mutter hatte ihre liebe Not mit uns.

Zu Hause bei Tisch sagte sie einmal: »Christoph, nun hör endlich auf, dauernd beim Essen mit der einen Hand den Serviettenring zu drehen. Wenn du später selbst einen Haushalt hast und Vater bist, kannst du wegen mir drehen, soviel du willst, aber alle deine Kinder werden es dir dann nachmachen, und ihr werdet eine richtige »Drehfamilie«.

Das inspirierte uns zu weiteren Zukunftsplänen.

»In Dirks Familie lassen später alle beim Essen die Hausschuhe von den Füßen fallen und wackeln mit den Beinen. Nach dem Essen gibt es dann immer ein großes Gewühl unterm Tisch, bis jeder wieder seine Schuhe hat«, meinte Martin.

»Und wir heißen dann die Zappelfamilie, und ich werde der Oberzappler«, verkündigte Dirk ungerührt.

Und bei Ralph? Da mußten wir alle lachen. Ralph vergißt nämlich regelmäßig, vor dem Essen zur Toilette zu gehen. Er hat kaum angefangen zu essen, dann fängt er an zu wackeln, weil er merkt, daß er mal muß. Weil unsere Mutter ihm abgewöhnen will, immer während der Mahlzeit zur Toilette zu gehen, muß er also am Tisch bleiben und wackelt immer doller. Zum Schluß kniet er sich auf den Stuhl, weil er es dann noch etwas länger aushält. Nun wißt ihr, warum wir so lachen mußten, denn stellt euch mal eine solche Familie vor: Vater, Mutter und vier oder fünf Kinder, die alle auf den Stühlen knien und wakkeln! Nein, da sahen wir ein, daß wir wirklich lernen mußten, uns bei Tisch ordentlich zu benehmen, schon damit wir unseren Kindern später ein gutes Vorbild sind!

Am Buchenauerhof

Und jetzt wollen wir euch von unserem liebsten Reiseziel erzählen. Wenn unsere Mutter nämlich die Koffer hervorholte, fragten wir immer: »Wohin fahren wir dieses Mal?« Wenn sie dann sagte: »Zum Buchenauerhof«, dann freuten wir uns am allermeisten.

Aber nun wißt ihr vielleicht gar nicht, wo der Buchenauerhof liegt. Wenn man sich die Deutschlandkarte anguckt, müßte man ihn irgendwo zwischen Heidelberg und Heilbronn suchen. Wie gesagt: müßte! Denn der Ort ist so klein, daß er überhaupt nicht auf der Karte eingezeichnet ist. Genaugenommen wohnen dort nämlich nur zwei Familien, und zwar eine Bauernfamilie mit vielen Kühen, Schweinen, Pferden und Hühnern und die riesengroße DMG-Familie mit rund 150 Missionaren und fast ebenso vielen Kindern. Die meisten Missionare sind natürlich auf der ganzen Welt verstreut. Aber irgendwann mal kommen sie zurück nach Deutschland, und dann ist der Buchenauerhof ihr Zuhause.

Rund um die vier Häuser der DMG gibt es Wälder, Felder, Wiesen und eine lange Kastanienallee. Daß man da toll spielen kann, könnt ihr euch bestimmt vorstellen. Wenn wir also in den Ferien zum Buchenauerhof fuhren, packte unsere Mutter immer die ältesten Hosen und Pullover für uns ein und natürlich unsere alten Anoraks, die Regenmäntel und die Gummistiefel, damit wir so richtig nach Herzenslust draußen herumstrolchen konnten.

Weil Missionare meistens mehr als nur ein oder zwei Kinder haben, hat man am Buchenauerhof keine Schwierigkeiten, Spielkameraden zu finden, und eine Fußballmannschaft hat man natürlich auch immer schnell zusammen. Wenn wir so alle beieinander sind, fehlt es nie an guten Ideen. Einmal, so um die Zeit vom Frühjahrsputz, wurde überall groß aufgeräumt, weil ein paar Tage später der Sperrmüll abgefahren wurde. Dabei wurden drei uralte Kinderwagen ausrangiert. Wir hoben die Aufsätze ab, wo man sonst das Baby hineinlegt, und bauten uns mit alten Brettern bequeme Sitze. Und das waren dann unsere Sommerschlitten. Hinter dem großen Haupthaus ist nämlich ein Abhang, der auf eine große Wiese führt. Wir legten uns bäuchlings auf unsere Sommerschlitten und rodelten mit Karacho den Abhang hinunter. Mit uns spielten Missionarskinder aus Brasilien, Panama und Burma, alles Länder, in denen es nie schneit. Klar, daß wir die Zeit in Deutschland zum Rodeln nutzen mußten, notfalls eben auch ohne Schnee.

Der Innenhof vor dem Haupthaus ist geteert, und in der Mitte ist ein sehr schönes großes Blumenbeet. Da kann man prima Rollschuhe laufen, immer um das Beet herum. Die Kleinen fahren dann mit ihrem Dreirad, auch immer um das Beet herum. Und wer von den Großen keine Rollschuhe hat, sucht sich ein Fahrrad und radelt immer um das Beet herum. Ihr seht, das runde Blumenbeet ist wirklich sehr nützlich, denn sonst würden wir immer alle kreuz und quer fahren und womöglich zusammenstoßen.

Aber am Buchenauerhof wird nicht nur gespielt. Schließlich ist es ein Missionshaus, und so finden natürlich oft Missionsfeste statt, manchmal direkt am Buchenauerhof, manchmal in den umliegenden Städten. Weil wir normalerweise in Schleswig-Holstein wohnten, konnten wir längst nicht immer dabeisein.

Bei solchen Festen trugen wir unsere afrikanischen bestickten Hemden, die Kinder aus Panama hatten lange, bunte Kaftane und die aus Brasilien sangen auf Portugiesisch. Daran merkten wir, daß wir alle von ganz verschiedenen Enden der Erde kamen. Wir hatten alle verschiedene Sprachen lernen müssen, aber trotzdem war eins bei uns allen gleich: Unsere Eltern waren von Gott geschickt, um in den verschiedenen Ländern von Jesus zu predigen. Gottes Auftrag war für alle gleich, und darum sind wir dort am Buchenauerhof auch *eine* große Familie.

Winterfreuden

Während des Heimataufenthaltes haben wir aber nicht nur mit Sommerschlitten gerodelt! Wie das im Winter wurde, wollen wir euch jetzt erzählen.

Natürlich wußten wir, daß in Deutschland nach dem Sommer der Herbst und der Winter kommen; aber als es im Oktober und im November immer kälter wurde, sahen wir der Sache doch mit gemischten Gefühlen entgegen. Unsere Mutter holte warme, gefütterte Anoraks hervor, und als es noch kälter wurde, legte sie uns sogar Mützen und Handschuhe parat. Dirk, der sich an solche Kleidungsstücke gar nicht mehr erinnern konnte, betrachtete sich mit seiner neuen Pudelmütze auf dem Kopf eingehend im Spiegel, ehe er zur Schule ging. Mit hoch erhobenem Haupt stolzierte er dann die Straße entlang und wunderte sich, daß niemand seine Mütze beachtete. Aber schließlich ist so ein Schuljunge mit seiner Pudelmütze auch wirklich nichts Besonderes.

Der 18. Januar sodann begann ganz gewöhnlich wie alle Tage. Kurz nach 6 Uhr krabbelten wir beiden Großen aus den warmen Betten. Das Fenster klappte zu, die Heizung wurde aufgekurbelt. Ein Gähnen, ein Recken, der Tag begann: waschen, anziehen, Stille Zeit machen, Tisch decken, frühstükken . . . bis, ja bis einer von uns aus dem Fenster guckte. Er stutzte, guckte noch einmal, und dann ertönte Siegesgeschrei: »Es hat geschneit!«

Schon wußte es die ganze Familie. Schon standen sechs Mann am Fenster, drückten sich die Nasen platt und starrten hinaus. Tatsächlich! Schnee! Überall Schnee! Man stelle sich das vor. Nach jahrelangem Sommer jetzt wirklichen und wahrhaftigen Schnee!

Da hatten wir es plötzlich furchtbar eilig hinauszukommen. Mittags kam Christoph ganz beleidigt von der Schule nach Hause: »Stellt euch vor«, maulte er, »die ham inner Pause mit Schnee geschmissen!«

Unsere Mutter mußte richtig lachen. »Ach, du armer, unwissender Tropf!« klärte sie ihn fröhlich auf. »Das gehört doch dazu, wenn es geschneit hat. Das nennt man Schneeballschlacht, und das macht doch Spaß!«

Aha! Na, das muß man eben alles erst wissen.

Immerhin blieb der Schnee zwei Wochen lang liegen. Wir wurden bald richtige Rodelfachmänner und setzten genauso gekonnt über die Sprungschanze im Kurpark wie die anderen Kinder. Später lernten wir sogar noch Schlittschuhlaufen. Eins störte uns allerdings bei diesen Winterfreuden beträchtlich, und das war die elende Kälte, die damit verbunden war.

Einmal kam Dirk mit halberfrorenen Füßen und steifen Fingern vom Rodeln nach Hause und hatte so richtig die Nase voll. »Ich will nach Afrika!« wimmerte er. »Da hab ich nie so gefroren.«

Unsere Mutter rieb ihm Hände und Füße, bis sie wieder zum Leben kamen. Dann zog Dirk trockene Strümpfe an, guckte aus dem Fenster, sah den schönen Schnee und holte kurz entschlossen seinen dicken Anorak wieder hervor.

»Bevor ich nach Afrika gehe, will ich aber doch noch mal rodeln«, verkündigte er, vermummte sich erneut wie ein Nordpolforscher und verschwand im Kurpark.

Daß der Schnee sogar unserem Ralph großen Spaß gemacht hatte, merkten wir erst ein paar Wochen später, als die weiße Pracht längst geschmolzen war. Da fand ihn nämlich unsere Mutter, wie er die neue 5-kg-Tonne mit dem Waschpulver ausgekippt hatte und nach Herzenslust »Schnee« spielte.

Die Sache mit der Lehrerin

Unsere Mutter war mal wieder am Kofferpacken. Manche Leute machen sich dafür eine genaue Liste von allem, was sie mit auf die Reise nehmen müssen. Aber unsere Mutter braucht das nicht. Sie hat die Liste längst auswendig im Kopf!

So ging ihr auch dieses Mal das Packen flott von der Hand, und im Schlafzimmer türmten sich für jeden von uns Wäsche, Hosen, Pullover, Handtücher und die Schlafanzüge.

Wir halfen tüchtig mit und brachten Gummistiefel und Rollschuhe herbei. Daran merkt ihr vielleicht schon, wohin die Reise ging. Jawohl, zum Buchenauerhof! Unsere Eltern wollten am Missionarskursus teilnehmen, und wir würden uns draußen die Zeit bestens vertreiben.

Plötzlich hörte unsere Mutter auf zu packen.

»Weißt du, was mir gerade durch den Kopf geht?« fragte sie unseren Vater. »Es wird nicht mehr lange dauern, bis wir für Afrika packen. In drei Monaten ist schon unsere Aussendungsfeier, und wir haben immer noch keine Ahnung, wer die Großen unterrichten soll.«

Tatsächlich! Wir guckten uns alle ganz betroffen an. Seit einem Jahr beteten wir um einen Realschullehrer, denn mit der Schule in Daloa verhielt es sich so:

Unser früherer Lehrer, Onkel Robert, war zurück in die Schweiz gegangen, und an seiner Stelle war ein neuer Lehrer, Onkel Jürg, mit seiner Familie nach Afrika gereist. So war für die Grundschüler wieder bestens gesorgt. Aber wir Großen waren nun keine Grundschüler mehr. Wer sollte uns unterrichten?

Jetzt wurde es uns mit einemmal richtig bewußt, daß Gott noch überhaupt nichts unternommen hatte, um unser Problem zu lösen. Und dabei war schon unsere Wohnung gekündigt und der Ausreisetermin festgelegt!

Ein paar Tage später sprachen unsere Eltern mit Onkel Bruno, dem Missionsdirektor. Sie sagten:

»In gut vier Monaten sollen wir zurück nach Afrika gehen, und wir haben immer noch keinen Lehrer für die Großen.«

Onkel Bruno stutzte. »Moment mal«, sagte er. »Da war doch erst letzte Woche eine Gymnasiallehrerin hier und fragte, ob wir sie gebrauchen könnten. Ich habe ihren Namen und die Adresse aufgeschrieben.« Er kramte in seiner Schublade und murmelte: »Die wohnte doch ganz in der Nähe!«

Und da hatte er auch schon das Gesuchte gefunden.

»Hier«, sagte er zu unseren Eltern. »Da steht sogar die Telefonnummer dabei. Das Fräulein arbeitet in einem Kinderheim. Ruft sie doch mal an und sprecht mit ihr.«

Gesagt, getan!

Stellt euch vor, das war der letzte Abend, den wir am Buchenauerhof waren, denn am nächsten Morgen mußten wir nach Hause fahren. Und genau an diesem Abend hatte die Lehrerin frei und kam uns besuchen!

Wir waren gespannt wie die Flitzebogen. Ob das jetzt die Antwort auf unsere Gebete war?

Es klingelte. So artig wie möglich begrüßten wir das große, blonde Fräulein. Wir mußten auf jeden Fall einen guten Eindruck machen und sie nicht abschrecken, zu uns nach Afrika zu kommen. Wir beäugten die Lehrerin noch schnell kritisch von allen Seiten und verzogen uns in unsere Betten.

Unsere Eltern erzählten dem Fräulein von Afrika, zeigten ihm Lichtbilder und beantworteten viele Fragen. Zum Schluß sagte die Lehrerin:

»Ich werde mir alles gut überlegen und muß vor allem in Ruhe mit Gott darüber reden. Wenn ich weiß, ob er mich nach Daloa senden will, dann rufe ich Sie an.«

Eine Woche, nachdem wir wieder zurück in Holstein waren, klingelte das Telefon.

»Hier ist Fräulein Hettler«, sagte die Stimme. »Ich wollte nur kurz sagen, daß ich komme.«

Unsere Gebete waren erhört!

Und wir dummen Tröpfe hatten gemeint, Gott habe vergessen, daß es höchste Zeit dafür war! Dabei hatte er längst alles in die Wege geleitet und schon vor unserem Kommen die Lehrerin zum Missionshaus geschickt.

Aus der fremden Lehrerin wurde für uns bald einfach »Tante Ute«, und später in Afrika haben wir eine Menge von ihr gelernt.

Die Frankreichreise

Die Forsythien hatten schon ganz dicke Knospen, als wir uns zur Frankreichreise rüsteten.

Jedes Jahr im April oder Mai findet in Frankreich nämlich ein Missionstreffen statt. Alle Missionare, die an der Elfenbeinküste arbeiten und gerade in Heimaturlaub sind, treffen sich mit den Kandidaten und den Vorstandsmitgliedern der Mission.

Zuerst war es ganz unsicher, ob wir Kinder alle mitkommen konnten, denn wir hatten gar keine Ferien. Darum schrieb unsere Mutter Briefe an unsere Lehrer und bat um ein paar Tage Sonderurlaub. Tatsächlich bekamen wir alle drei die Erlaubnis mitzufahren. Da war unsere Freude groß.

Am ersten Tag war die Reise allerdings ziemlich langweilig. Wir tuckerten den ganzen Tag die Autobahn entlang und landeten abends müde am Buchenauerhof. Am nächsten Morgen hatten wir nicht mal Zeit zum Spielen, denn sehr früh saßen wir schon wieder im VW-Bus und rollten weiter in Richtung Süden. Unsere Mutter entdeckte als erste Bäume mit jungem, hellgrünem Laub. Gab das ein Hallo! Immerhin hatten wir zu Hause jetzt schon sechs Monate lang nur Aussicht auf kahle, nackte Bäume im Kurpark gehabt. Endlich wieder grüne Blätter! Die Freude inspirierte uns zum Singen. Wir hatten die Liederbücher mit und schmetterten ein Lied nach dem anderen. So verging die Zeit viel schneller.

Mittags waren wir in der Schweiz. Wir picknickten auf einem schönen Rastplatz und genossen die Aussicht auf die Berge. Am späten Nachmittag kamen wir nach Genf. Am Genfer See sah es mit all den Booten und Schiffen und den bunten Blumenkästen schon ganz sommerlich aus.

Nach dem Grenzübergang nach Frankreich mußten wir nur noch ein Stück die Berge hinaufkurven, und dann waren wir am Ziel, einem großen Freizeitheim, wo das Missionstreffen stattfand. Im Laufe des Abends kamen auch die anderen Teilnehmer. Die meisten Leute hatten wir irgendwo und irgendwann einmal kennengelernt. Einige kamen aus der Pariser Gemeinde, zu der wir ein Jahr lang gehört hatten. Mit anderen waren wir zusammen in Afrika gewesen. Am meisten freuten wir uns, als am nächsten Tag noch Onkel Robert ankam. Sooft er Zeit hatte, mußte er uns von seiner abenteuerlichen Wüstenreise erzählen. Er hatte sich nämlich nicht einfach in Abidjan ins Flugzeug gesetzt wie alle anderen Missionare, sondern hatte Westafrika und die halbe Sahara per Anhalter durchquert.

Wir blieben drei Tage dort, und während unsere Eltern in den Versammlungen saßen, spielten wir in dem großen Garten und auf dem Spielplatz. Am 4. Tag reisten alle wieder ab, nur wir hatten noch einen Tag Zeit, und den nutzten wir für etwas ganz Besonderes. Wir machten einen Ausflug nach Albertville. Wißt ihr, wo das liegt? Da muß man noch fast zwei Stunden weiter nach Frankreich hineinfahren, man kommt durch Annecy und am See entlang, und dann ist man schon in den französischen Alpen.

Dort in Albertville hatten wir vor 5 Jahren Französisch gelernt. Wir freuten uns riesig, alles wiederzusehen.

In der Sprachschule aßen wir zu Mittag und begrüßten die Lehrer und Mitarbeiter. Dann drehten wir eine Ehrenrunde durch die Stadt, vorbei an Christophs altem Schulkindergarten und Martins früherer Schule. Natürlich besuchten wir auch die Familie Folmer, bei der wir gewohnt hatten. Wir durchstöberten den Garten und den Hühnerstall und fanden, daß alles noch wie früher aussah.

Zum Schluß wollte Martin noch unbedingt seinen alten Lehrer, Herrn Martin, besuchen. »Ach«, sagte Herr Folmer. »Der ist aber jetzt pensioniert. Der wohnt nicht mehr in Albertville.« Er nannte uns ein kleines Bergdorf und erklärte uns den Weg. Wir kurvten die Serpentinenstraße hinauf und fragten im Dorf überall nach Monsieur Martin. Ein paar Kinder zeigten uns schließlich sein Haus.

Na, der machte vielleicht erstaunte Augen, als er uns sah! Zuerst erkannte er Martin gar nicht, aber dann fiel ihm alles wieder ein. Wir mußten in seine Küche kommen und frischen Apfelsaft trinken. Natürlich mußten wir auch aus Afrika erzählen. Er freute sich, wie gut Martin jetzt Französisch sprach, konnte er doch damals, als er zu Monsieur Martin in die Klasse kam, kein einziges Wort.

Wir tranken noch ein zweites und ein drittes Glas von dem wirklich guten Apfelsaft und fuhren dann zurück zum Freizeitheim. Aber so einfach war das nicht auf der Rückfahrt. Zuerst rief Ralph: »Ich muß mal!« Also anhalten. Kurz darauf meldete Dirk: »Ich muß mal!« Wieder anhalten. Ein Stück weiter waren es Martin und Christoph, die mal mußten. Da wurde es Papa aber zu bunt. »Jetzt halte ich an, sobald wir wieder auf freier Strecke sind, und dann sollen gefälligst alle auf einmal müssen!« ordnete er an.

So wurde es zwar gemacht, aber ob ihr es glaubt oder nicht, hinterher mußten wir trotzdem noch mal anhalten. Wir hatten einfach zu viel Apfelsaft getrunken!

Als wir schon wieder den Berg zum Freizeitheim hinauffuhren, entdeckte Christoph ein Haus mit einem großen Schild: »Clos de Salève«.

»Anhalten!« schrie er ganz entzückt. »Hier ist endlich ein Klo für Mama!«

Wir haben hinterher noch Tränen gelacht, sooft wir daran dachten, denn das Wort »clos« (das s spricht man nicht mit) heißt soviel wie Gut oder Obstgarten, und das Ganze war bestimmt bloß der Name eines Gasthofs!

Auf der Rückreise besuchten wir noch Freunde in der Schweiz und genossen die Berge und den südlichen Frühling, ehe wir wieder zurückkehrten in den kühlen Norden und in den Schulalltag.

Der Ausflug zur Nordsee

Nach unserer Rückkehr aus Frankreich kam der Frühling auch bald nach Holstein. Wir freuten uns über die grünen Bäume und die Blumen und sahen nun mit eigenen Augen, was Onkel Robert uns im Biologieunterricht in Afrika mit viel Mühe eingetrichtert hatte, nämlich daß die Birken zuerst grün werden und die Buchen erst viel später.

Bei jedem Sonntagsspaziergang gab unsere Mutter uns botanische Lektionen. Sie machte mit uns oft einen Bummel durch die Vogelsiedlung. Diese Siedlung heißt nicht etwa so, weil dort Vögel wohnen, sondern weil alle Straßen Vogelnamen haben. Da gibt es den Lerchenweg, den Drosselweg, den Amselweg, den Meisenweg und so weiter durch die ganze Vogelschar. Überall stehen schmucke Einfamilienhäuser mit gepflegten Vorgärten. Vor vielen Jahren, als unser Vater noch Polizeibeamter war und einen Bausparvertrag hatte, träumten unsere Eltern auch von einem Häuschen in der Vogelsiedlung. Aber dann merkten sie, daß Gott ganz andere Pläne mit uns hatte, und nun steht unser Häuschen nahe am Äquator unter immergrünen Palmen. Bevor wir dorthin zurückkehrten, sollten wir aber die Frühlingsblumen der Heimat kennenlernen, und darum also die sonntäglichen Botanikstunden. Die leuchtenden, gelbblühenden Büsche kannte Dirk am besten und schrie immer als erster:

»Das sind Forsythien!«

Wir Großen mußten uns dann mit den kleinen Blumen auseinandersetzen. Ihr glaubt gar nicht, wie schwierig es ist, alle Blumennamen auf einmal lernen zu müssen. Aber Mama ließ nicht locker, und schließlich kannten wir doch Krokusse und Primeln und konnten die Narzissen von den Tulpen unterscheiden.

Vielleicht wundert ihr euch, daß unser Vater uns gar nichts beibrachte. Aber der war eben die meiste Zeit im Reisedienst und fehlte bei fast all unseren Spaziergängen.

Desto größer war unsere Freude, als er eines Tages verkündete: »Pfingsten bin ich zu Hause, und dann unternehmen wir etwas zusammen.« Wir waren mächtig gespannt, und als unser Vater mit seinem Plan herausrückte, freuten wir uns riesig.

Der Leiter unserer Gemeinde hatte nämlich zu unseren Eltern gesagt:

»Bevor ihr wieder nach Afrika reist, müssen eure Kinder doch wenigstens die Nordsee gesehen haben!«

Das leuchtete unserem Vater als ehemaligem Seemann natürlich sofort ein, und wahrscheinlich hatte er selbst auch große Lust, mal wieder richtige Seeluft zu schnuppern.

Übrigens hat der Gemeindeleiter einen ganz lustigen Namen, denn er heißt Fleischhammel. Seine Frau ist Frau Fleischhammel und seine Tochter Dörte Fleischhammel. Alle drei Fleischhammels kamen mit zur Nordsee, dazu noch Familie Borchmann und Cousine Bärbel. Es wurde also ein halber Gemeindeausflug.

Die Fahrt quer durch Holstein war nicht gerade aufregend, überall gab es nur grüne Weiden mit gemütlich grasenden Kühen zu sehen. So dachten wir Kinder uns Geschichten aus und gaben sie uns gegenseitig zum besten. Stophi konnte mit Abstand am besten spinnen.

Erst als wir plötzlich Windmühlen, eingedeichtes Land und grasende Schafe entdeckten, hörten wir mit dem Spinnen auf, und Bärbel meinte mit Kennerblick:

»Ich glaube, jetzt sind wir gleich da!«

Tatsächlich fuhren wir schon auf einen großen Parkplatz außerhalb der Stadt Büsum. Die Fleischhammels kannten sich hier aus und sagten:

»Erst muß mal einer auf den Deich gehen und nachsehen, ob das Wasser da ist.«

Na, da mußte Dirk vielleicht lachen! Stellt euch das mal vor! Da fährt man drei Stunden lang Richtung Meer, nur um womöglich festzustellen, daß das Wasser gar nicht da ist! Aber wir Großen wußten Bescheid und erklärten ihm die Sache mit Ebbe und Flut.

Inzwischen kam der Deichspäher zurück und verkündigte:

»Es ist Ebbe!«

Also tatsächlich kein Wasser! So ein Pech! Aber die Fleischhammels machten zufriedene Gesichter.

»Das ist prima«, sagten sie. »Dann können wir ja wattlaufen.« Nein, das ist kein Druckfehler. Wir wollten nicht wettlaufen, sondern wirklich wattlaufen. Watt – so nennt man nämlich die Nordsee ohne Wasser. Wenn das Wasser bei Ebbe viele Kilometer weit zurückgeht, kann man auf dem trockenen Meeresboden spazierengehen, und das nennt man dann wattlaufen. Wir hatten das noch nie gemacht.

Wir zogen also Gummistiefel an und wanderten munter ins Meer hinaus. Im Sommer kann man natürlich barfuß wattlaufen, aber zu Pfingsten ist es noch zu kalt dazu.

Die Sonne schien, und die Luft roch nach Salz. Wir summten vor uns hin und fanden es ganz herrlich auf dem Watt. Die Fleischhammels fingen an, kleine Krebse zu sammeln. Dirk war gleich Feuer und Flamme. Wo es etwas zu sammeln gibt, ist er dabei. Er sammelte leere Klorollen, alte Streichholzschachteln, ausgediente Batterien, warum nun nicht mal Krebse?

Unsere Mutter war davon nicht so begeistert.

»Was willst du denn zu Hause damit machen?« wollte sie wissen. Das wußte Dirk auch nicht und trabte los, um die Fleischhammels zu verhören. Er kam bald zurück und verkündete triumphierend:

»Die legt man in Alkohol, dann halten sie sich!«

Mama war so schnell nicht zu schlagen.

»Wir haben gar keinen Alkohol im Haus«, sagte sie.

Das hätte Dirk als Missionarssohn sich ja denken können! Aber Frau Fleischhammel wußte gleich Rat.

»Morgen abend ist Chorübstunde. Dann treffe ich deine Eltern und gebe ihnen ein bißchen Alkohol für deine Krebse. Bis morgen halten sie sich auch so.«

So konnte Dirk also endlich nach Herzenslust kleine Krebse sammeln, obwohl die anderen Sänger am nächsten Abend ganz verblüffte Gesichter machten, als ausgerechnet die Gemeindeleiterfrau der Missionarsfrau ein Fläschchen in die Hand drückte und dazu sagte:

»Hier ist noch der versprochene Alkohol!« . . .

Natürlich sammelten wir auch Muscheln, und weil wir nicht wußten, wo wir sie lassen sollten, steckten wir sie in unsere Kapuzen.

Die Zeit verging im Nu. Nach einer Stunde bedeckte sich der Himmel, und da fing es auch schon an zu tröpfeln. Alle Leute kehrten um, und wir auch. Nur ein Hund konnte nicht genug bekommen vom Wattlaufen. Die Kinder riefen ihn ein paarmal, aber er hörte überhaupt nicht. Schließlich schrien sie:

»Bello, komm Auto fahrn!« und wie der Wind kam der Köter angerast.

Während wir landeinwärts wanderten, merkten wir plötzlich, daß die Flut zurückkam. Nun ziehen sich quer durch den Meeresboden schmale oder breite Gräben, die man Priele nennt, und diese Priele laufen zuerst voll Wasser. Man muß sich also beeilen, daß man an Land kommt, bevor die Priele vollgelaufen sind. Manche sind nämlich ganz schön tief, und wir hatten schließlich keine Badehosen an, sondern lange Hosen, Pullover, Anoraks und noch die Kapuzen gestrichen voll mit Muscheln.

Herr Fleischhammel ging mutig voran und stapfte durch den ersten breiten Priel. Dörte hinterher. Das Wasser bis an die Knie, die Bundhosen wurden feucht . . . da, ein Entsetzensschrei: »Die Nordsee läuft mir in die Stiefel!« Gab das ein Gelächter!

So, nun hatten sie's geschafft. Erleichtert erreichten sie die andere Seite und sahen sich erwartungsvoll um.

»Nun wollen wir mal sehen, wie ihr anderen da durchkommt«, dachten beide und entdeckten plötzlich mit Entsetzen, daß sie vom Wasser umgeben auf einer Wattinsel standen. Sie mußten zurück durch den breiten Priel und auf dem Umweg ans Land. Es ließ sich nicht anders machen.

Zum Schluß hatten wir alle nasse Füße, kamen aber doch heil an Land. Der Regen hatte sich noch mal verzogen. Wir wuschen uns die Füße, zogen trockene Schuhe an und setzten uns mit unserem Picknick an den Deich. Wir genossen die Aussicht auf das herannahende Meer, bis die Regenwolken wieder bedrohlich aufzogen und wir uns auf den Heimweg machten.

Abends meinte Dirk: »Es war ganz toll an der Nordsee, obwohl sie eigentlich gar nicht da war.«

Wir brechen unsere »Zelte« ab

Wenn man für drei Wochen in Urlaub fährt, hat man bekanntlich vorher noch allerlei zu erledigen. Da muß man die Post ummelden, die Haustiere und die Blumentöpfe in Pflege geben und die Zeitung abbestellen.

Weil wir nun aber für drei Jahre verreisten, hatten wir noch viel mehr zu bedenken und vorzubereiten. Da war erst einmal die ellenlange Einkaufsliste, die unsere Eltern aufgestellt hatten. Viele Dinge, die in Deutschland in Hülle und Fülle in jedem Warenhaus liegen, kann man nämlich in Daloa gar nicht bekommen oder höchstens, nachdem man alle kleinen Läden abgeklappert hat. Darum hatten wir eine Menge einzukaufen.

Dazu kamen die letzten Zahnarztbesuche. Obwohl wir schon im Winter in Behandlung gewesen waren, besah sich Dr. Schütz noch einmal ganz genau jeden Zahn von uns allen und hatte noch manchen zu plombieren. Denn das könnt ihr glauben, in Afrika Zahnschmerzen zu haben und zu wissen, daß der nächste Zahnarzt 300 km weit weg wohnt, das ist nicht gerade ein Vergnügen!

Natürlich mußten wir auch alle geimpft werden, zuerst gegen Gelbfieber und dann gegen Pocken. Das gab zweimal einen Familienausflug zum Gesundheitsamt, und wir durften zweimal mit Genehmigung zu spät in die Schule kommen.

Papa prüfte alle sechs Reisepässe und brachte noch drei zum Verlängern aufs Amt. Dabei erfuhr er, daß Martin und Christoph jetzt ein Bild für ihren Ausweis brauchten, und die Bilder mußte natürlich der Fotograph erst machen.

Das war aber noch nicht alles. Man mußte rechtzeitig daran denken, das Telefon abzumelden, dem Elektrizitätswerk Bescheid zu geben, wann zum letzten Mal der Zähler abgelesen werden soll, und die ganze Familie beim Einwohnermeldeamt abzumelden. Überall wurde Papa gefragt:

»Wohin ziehen Sie denn um?«

Wenn er dann sagte: »Nach Afrika«, gab es erstaunte oder sogar entsetzte Gesichter.

»Mit vier Kindern nach Afrika?« fragten die Leute. »Haben Sie sich das auch gut überlegt?«

Wenn sie dann hörten, daß wir das schon einmal gemacht hatten und trotzdem lebendig zurückgekommen waren, beruhigten sich die meisten wieder.

Nach der Aussendungsfeier in der Gemeinde sollte das Pakken losgehen. Papa hatte vom Buchenauerhof schon große, leere Fässer mitgebracht, die auf dem Balkon parat standen.

Aber stellt euch vor, keiner von uns mochte wirklich anfangen, die Schränke auszuräumen und die Bilder von den Wänden zu nehmen. Wir fühlten uns in der gemütlichen Wohnung so richtig zu Hause, daß es uns gar nicht in den Kopf wollte, daß es schon wieder ans Einpacken gehen sollte. Uns graute auch vor der ungemütlichen Zeit, die nun unweigerlich begann, wo man über Kartons und Bücherstapel steigen und leere Schrankfächer auswischen mußte.

»Wenn wir keine Missionare wären, könnten wir immer am gleichen Ort wohnen«, überlegten wir.

»Dann brauchten wir nicht immer all unsere Sachen sortieren und uns von unseren Sammlungen trennen. Ich hätte dann schon massenhaft Witzseiten aus Mamas Modeblatt und Bastelvorschläge vom Kalender«, grübelte Christoph.

»Und was meinst du, wie viele leere Klorollen und Zahnpastaschachteln und Postkarten ich schon hätte!« träumte Dirk.

Wir kamen in wehmütige Stimmung. Am nächsten Tag wurde unsere dunkle Ahnung nur bestätigt. Mama zog die großen Schubladen unter unseren Betten heraus, besah sich unsere »Schätze« und ordnete ohne Erbarmen an, daß wir alles wegwerfen sollten.

»Das können wir ja unmöglich nach Afrika verschiffen«, sagte sie. Recht hatte sie wahrscheinlich, obwohl es doch traurig war.

Aber halt! Wollten wir denn wirklich aus Bequemlichkeit und Sammellust nicht mehr nach Afrika gehen? Wir merkten gleich, wie dumm und eigensüchtig wir gedacht hatten. Wenn alle Leute so dachten, wie sollten dann die Afrikaner, die Asiaten, die Brasilianer oder die Indonesier von Jesus hören? Nein, da gab es gar nichts zu überlegen oder zu bedauern! Entschlossen gingen wir daran, unsere Habseligkeiten zu ordnen, und bald füllten sich die Tonnen und leerten sich die Schränke.

Die letzten zwei Wochen durften wir im Haus von Freunden wohnen, die gerade in Urlaub gefahren waren. So konnte Papa alle Möbel abbauen und bei anderen Freunden auf dem Dachboden abstellen. Als die ganze Wohnung leer und öde war, kaufte Papa zwei große Eimer Binderfarbe und eine Tube seegrünen Färber. Er arbeitete fast eine ganze Woche daran, alle Wände neu zu streichen. Es stand nämlich im Mietvertrag, daß die Wohnung frisch gegrünt zu hinterlassen sei und natürlich picobello sauber. Darum schrubbte Mama in der Zeit die Heizkörper, polierte die Kacheln im Bad und seifte die Einbauschränke in der Küche aus.

Für uns kam der letzte Schultag, die letzte Jungscharstunde, der letzte Klavierunterricht, die letzte Gitarrenstunde. Ob ihr euch das vorstellen könnt, wie einem zumute ist, wenn man gerade heimisch geworden ist und schon wieder weg muß? Aber wir ließen uns nichts anmerken und verabschiedeten uns tapfer von Oma und Opa, von allen Verwandten und Freunden.

Und dann ging die Reise los. Aber nicht etwa schon nach Afrika! Nein, nun begann der Urlaub, auf den wir uns schon so lange gefreut hatten und der eine richtige Gebetserhörung war. Wie das zuging, das erfahrt ihr im nächsten Kapitel!

Gott sorgt für eine Urlaubswohnung

Kennt ihr den Bibelvers: »Habe deine Lust am Herrn, der wird dir geben, was dein Herz wünscht«? Er steht in Psalm 37, Vers 4. Wir hatten den Satz zwar schon gehört, aber nun haben wir ihn auch erlebt.

Zuerst ging das ganz normal los, dann wurde es unnormal und zum Schluß noch richtig spannend.

Also zuerst das Normale. Bevor man als Missionar wieder auf sein Missionsfeld reist, ist es normal, daß man ausgiebig Urlaub macht, damit man ausgeruht in Übersee ankommt und so richtig mit Schwung die Arbeit beginnen kann.

Wir wollten nun gerne Urlaub in der Schweiz machen, mal so nach Herzenslust auf Bergen herumkraxeln und zwischendurch irgendwo in einem See schwimmen. Das war es also, was »unser Herz wünschte«. Daß Gott uns diesen Wunsch erfüllen würde, war schon sozusagen perfekt. Es hatte uns nämlich jemand sein Ferienhaus im Tessin angeboten, sogar zu verbilligter Miete.

Aber dann kam das Unnormale!

Das Ferienhaus im Tessin sollte umgebaut und renoviert werden, und nun wollten die Handwerker diese Arbeiten ausgerechnet im Juli ausführen, also gerade in unserem Ferienmonat. Handwerker sind eben vielbeschäftigte Leute, und jeder ist froh, wenn sie endlich kommen. So ging es auch dem Ferienhausbesitzer im Tessin. Er mußte sich damit zufrieden geben, daß der Umbau mitten in der Urlaubszeit stattfinden sollte, obwohl es viel normaler ist, so was zu anderer Zeit zu machen.

Wir konnten also nicht im Tessin die Ferien verleben, und weil wir das erst im April erfuhren, darum wurde die ganz normale Geschichte nun spannend. Denn wie findet man für eine große Familie so schnell noch ein Ferienhaus oder eine Wohnung, die außerdem nicht so teuer sein darf?

Unsere Eltern trösteten uns. Sie sagten:

»Glaubt ihr nicht auch, daß es Gott wohl möglich ist, für uns eine andere Lösung zu finden?«

Doch, das glaubten wir und beteten also jeden Tag:

»Herr Jesus, zeige uns doch, wo wir im Urlaub wohnen können.«

Wenn uns jemand fragte:

»Wohin fahrt ihr denn in die Ferien?«, dann antworteten wir: »In die Schweiz!«

»Und wohin dort?« wollten manche wissen.

Wir mußten die Schultern zucken, denn das wußten wir noch nicht, obwohl wir schon zwei Monate später losfahren wollten.

Nun hatten wir auf der Rückfahrt unserer Frankreichreise Freunde in der Schweiz besucht und ihnen erzählt, daß wir gern in ihrem Land Urlaub machen wollten. Während wir also im fernen Schleswig-Holstein saßen und beteten, wurde diese Familie aktiv, als ginge es um ihren eigenen Urlaub. Sie fragten hier an und dort an, erkundigten sich an mehreren Stellen, fanden es dort zu teuer und woanders nicht schön genug, denn sie wollten, daß wir wirklich ein herrliches Fleckchen ihres Landes kennenlernen sollten. Ganz bestimmt hat Gott ihnen bei der Suche geholfen, und stellt euch vor, sechs Wochen vor den Ferien fanden sie eine Unterkunft für uns.

Als nun unsere norddeutsche Wohnung öde, kahl und frisch gestrichen dem Hausmeister übergeben war und das Gepäck für die Verschiffung nach Afrika parat stand, da begaben wir uns auf die Reise ins Berner Oberland.

Stellt euch vor, aus lauter Gewohnheit schleppte Martin den Karton mit den Prospekten herbei, und Christoph stellte den Diaprojektor zum Reisegepäck. Aber Papa lachte uns aus und rief:

»Meine Herren, nehmen Sie bitte zur Kenntnis, daß es sich um eine Urlaubsreise handelt!«

Na, da mußten wir über uns selbst lachen. Die Reise in die Schweiz war tatsächlich in dem ganzen Jahr die einzige, auf der wir die ganze Missionsabendausrüstung nicht brauchten!

Im Berner Oberland bezogen wir drei Zimmer in einem christlichen Kinderheim. Die Kinder waren alle in die Ferien gefahren, und so standen uns auch das große Wohnzimmer, der Eßraum, die Küche und die Duschen zur Verfügung. Wir durften die Waschmaschine benutzen, bekamen jeden Morgen drei Liter frische, noch kuhwarme Milch, und als das Wetter kühler wurde, machte der Hausvater sogar die Heizung für uns an.

Gott hatte wirklich einen idealen Ferienort für uns ausgesucht. An heißen Tagen fuhren wir einfach an den Thuner See, badeten, fuhren Schlauchboot oder machten auch mal eine Dampferfahrt.

Wenn es regnete, kramten wir all die Spiele und Puzzles heraus, die im großen Wohnzimmer aufbewahrt wurden und verbrachten gemütliche Nachmittage.

War es nicht zu heiß und doch trocken, dann zogen wir die Wanderstiefel an, schulterten die Rucksäcke und wanderten in die Berge. Natürlich erklommen wir weder Jungfrau noch Eiger oder Mönch. Aber uns blieben trotzdem herrliche Wanderwege und tolle Kraxelpartien, bei denen wir ganz schön schnaufen mußten, vor allem als Flachlandtiroler! Ralph marschierte tapfer mit und freute sich jedesmal, wenn wir hoch auf einem Gipfel angekommen waren und beim Hinunterschauen den Thuner See entdeckten.

Meistens hatte einer von uns Großen unseren Wandertopf auf den Rucksack geschnallt. Das war ein großer Kochtopf mit Deckel und Bügel, ein richtiger Pfadfindertopf. Mittags schwärmten wir dann aus, um trockenes Holz zu suchen, und wenn das Feuer lustig flackerte, kochten wir Pellkartoffeln oder Suppe. Ihr glaubt gar nicht, wie das in der frischen Bergluft nach dem Wandern schmeckt! Jedenfalls macht das viel mehr Spaß, als irgendwo im Restaurant zu essen.

Eines Tages trafen wir während des Wanderns einen Senn. Ihm waren viele Kühe von verschiedenen Bauern im Tal anvertraut. Mit ihnen verbrachte er oben in den Bergen den Sommer, molk sie und machte jeden Tag Käse. Das interessierte uns, und darum lud er uns ein, ihm dabei einmal zuzusehen. Wir starteten also eines Morgens früh und stiegen wohl zwei oder drei Stunden hinauf in die Berge. Wir fanden bald seine Hütte und setzten uns auf ein paar alte Schemel. Wir sahen der Frau zu, wie sie die Milchkannen scheuerte, und dem Mann, wie er das Feuer unter dem riesigen Kupferkessel schürte. Mit unendlicher Geduld rührte er die Milch im Kessel, und weil er darin wochenlange Übung hatte, wurden ihm überhaupt nicht die

Arme lahm. Ab und zu prüfte er, wie warm die Milch war, denn sie mußte immer genau die richtige Temperatur haben und durfte nicht zu heiß und nicht zu lauwarm werden.

Während er so rührte, erzählte er uns viel Interessantes über Kühe, Käse, Butter und von seinen Israelreisen im Winter.

Natürlich erfuhr er auch, daß wir Missionare in Afrika waren, und stellte viele Fragen.

So verging der Vormittag schnell, obwohl der Senn immer nur rührte und wir immer nur zuguckten. Dann war es endlich soweit, die Milch käste. Mit großen Tüchern fischte der Senn die Käsemasse aus dem Topf und zwängte sie in die bereitgestellten runden Formen. Zwei wagenradgroße Käse wurden es, die danach noch wochenlang gewendet und behandelt werden mußten und erst nach einem Jahr zu richtigem festem Schnittkäse werden.

Als nun der Senn in seinem riesigen Kessel herumfischte, sagte er:

»Es ist ganz wichtig, daß alles Gerät zum Käsemachen sauber ist. Wenn da nämlich falsche Bakterien reinkommen, gibt's Ballöne!«

»Was gibt's dann?« fragten wir ganz erstaunt.

»I hab's ja gsagt«, wiederholte er und gab sich ordentlich Mühe, hochdeutsch zu reden, »da gibt's Ballöne!« Weil er nun mit den Händen eine Kugel zeigte, verstanden wir, was er meinte. Dann bleiben die Käse nämlich nicht schön platt wie ein Rad, sondern gehen auf und werden rund wie ein Ballon.

Wir blieben vier ganze Wochen dort im Berner Oberland. Sonntags fuhren wir zum Gottesdienst zur Bibelschule Beatenberg, von der wir schon oft gehört hatten. In einem Aufenthaltsraum entdeckten wir an der Wand die Bilder aller Absolventen, nach Jahrgängen geordnet. Wir suchten all die Missionare der Deutschen Missionsgemeinschaft heraus, die dort in Beatenberg ausgebildet worden waren, und wunderten uns, wie jung Onkel Bruno, der Direktor, und Tante Liesel, die Hausmutter, und all die anderen auf den Bildern aussahen.

An den beiden letzten Tagen kam uns noch Onkel Robert besuchen. Zusammen erlebten wir den 1. August, den Schweizer Nationalfeiertag. Wir sahen den traditionellen Umzug, zu dem das ganze Städtchen auf den Beinen war und bewunderten am Abend die Höhenfeuer rundherum auf den Bergen.

Am nächsten Morgen verließ uns Onkel Robert in Richtung Zürich, und wir gingen wieder auf die Heimreise nach Deutschland. Aber ein Heim hatten wir dort gar nicht mehr. Darum waren wir froh, daß wir am Buchenauerhof wieder die geräumigen Dachzimmer beziehen konnten, bis es zurück nach Afrika ging.

Und so endete die Geschichte von unserem Urlaub, den wir uns gewünscht, auf den wir uns gefreut hatten und den Gott für uns geplant hatte.

Es geht zurück nach Afrika

Am Morgen unserer zweiten Ausreise nach Afrika waren wir längst nicht mehr so aufgeregt wie bei der ersten. Gewundert haben wir uns nur, wie schnell das geht, wenn man von einem Erdteil in einen anderen fliegt.

Am Morgen hatten wir am Buchenauerhof noch Schwarzbrot auf dem Frühstückstisch, am Abend gab es schon Ananas zur Erfrischung.

Am Morgen brauchten wir noch Strickjacken und Anoraks, am Abend liefen wir wieder ohne Unterhemden und ohne Strümpfe herum.

Am Morgen atmeten wir noch frische, kühle Europaluft, am Abend wieder feuchtwarme, schwere Tropenluft.

Am Morgen waren wir noch Deutsche unter Deutschen und am Abend schon wieder Ausländer mit anderer Hautfarbe.

Wir blieben ein paar Tage in der Hauptstadt, um die Zollformalitäten für unseren VW-Bus zu erledigen. Und dann ging es endlich auf nach Daloa. Die lange Teerstraße ins Landesinnere wollte und wollte kein Ende nehmen. Stunde um Stunde rollten wir durch Dörfer und Städte, und als endlich das Ortsschild von Daloa in Sicht kam, rutschten wir immer aufgeregter auf unseren Sitzen herum. Wir fanden unser Haus mit großen Palmwedeln und Blumen geschmückt, und oben über der Tür prangte ein großes Willkommensschild. Die anderen Missionarsfamilien kamen, um uns zu begrüßen, und als dann auch Dami und Théo, zwei kräftige Afrikaner, auftauchten, halfen sie uns gleich, unsere Fässer aus dem Schuppen zu rollen. Wir stellten sie auf die Terrasse, und dann ging es bei uns zu wie im Bienenhaus. Papa und Mama packten aus, und wir liefen und brachten alles in die richtigen Zimmer. So hatten wir bald wieder das nötigste Geschirr im Schrank und alles, was wir am dringendsten brauchten.

Allerdings wurden wir laufend beim Auspacken und Einräumen unterbrochen, denn immer wieder kamen Leute der Missionsstation, um uns zu begrüßen. Eigentlich kam es uns so vor, als wären wir nur ganz kurz weggewesen. Erst als unsere Pastorenfrau mit ihrem Jüngsten kam, das bei unserer Abreise ein neugeborenes Baby gewesen war und jetzt schon an der Hand der Mutter lief, da merkten wir, daß wir wirklich ein ganzes Jahr in Deutschland gewesen waren.

Am nächsten Nachmittag hörten wir auf der Straße neben der Station plötzlich laute Freudenrufe und ein vielstimmiges:

»Aijo ka ka ka ka ...!«

(Aijo heißt »Guten Tag«, und je mehr »ka« man dahinterhängt, desto mehr freut man sich, den anderen zu sehen.)

Die Bétéchristen, die zur Gebetsstunde kamen, hatten unseren Vater hinter dem Haus entdeckt und kletterten vor Begeisterung sogar über die Mauer, um »Monsieur Pousse« zu umarmen. Zufrieden stellten sie fest, daß unser Vater dick wie immer war, und freuten sich, daß auch unsere Mutter zugenommen hatte. Wenn man hier nämlich zu jemandem sagt:

»Du bist aber dick geworden!« dann ist das ein Kompliment, und wenn die Leute zu unserem Vater sagen:

»Du bist gut geformt«, dann kann er sich was darauf einbilden.

In den nächsten Tagen kamen auch die Leute aus dem Busch. Überall hatte es sich herumgesprochen, daß wir wieder da waren. Als die beiden Gemeindeältesten, Eli und David, erschienen, zeigte unser Vater ihnen den VW-Bus und sagte: »Jetzt komme ich nicht mehr im Peugeot zu euch in die Dörfer, sondern mit diesem Bus.«

Da betrachteten sie ihn wohlgefällig von allen Seiten und meinten beide ganz erfreut:

»So, das ist also unser neues Auto!«

Der einzige, der die Welt nicht mehr verstand, war Ralph. Er konnte überhaupt kein Französisch mehr und wollte nicht begreifen, daß die Afrikaner kein Deutsch verstanden. Er lernte zwar schnell das Wort »Bonjour« (Guten Tag), aber wenn er danach gefragt wurde, ob es ihm gut gehe, verstand er das nicht mehr und sagte nur noch entschlossen: »Non!«

Nun lagen also wieder drei Afrikajahre vor uns, und wir waren längst nicht so gespannt, was wir alles erleben würden, wie beim erstenmal. Wir dachten:

»Jetzt kennen wir schon alles. Was soll jetzt noch Neues kommen?«

Aber da hatten wir uns mächtig getäuscht. Wir sollten noch eine Menge erleben. Darum hört unser Buch auch nicht an dieser Stelle auf, denn nun haben wir euch noch eine ganze Sammlung Reiseabenteuer zu erzählen.

Die Reise nach Obervolta

In Deutschland gibt es Osterferien, Sommerferien, Herbstferien und Weihnachtsferien. Aber hier in Afrika haben wir noch eine andere Sorte Ferien, wir nennen sie »Heiße-Zeit-Ferien«, und diese Ferien bekommen wir im März. Von Ende Januar bis in den Mai ist hier in der Elfenbeinküste die allerheißeste Zeit. Da kann das Thermometer nachmittags auf 38 bis 40 Grad klettern. Daß es dann nicht gerade Spaß macht, in der Schule zu sitzen und englische Grammatik zu studieren, könnt ihr euch wohl vorstellen. Zwar können wir leider nicht von Januar bis Mai Ferien machen, aber es wurde auf der Elternversammlung beschlossen, daß wir wenigstens mitten in der heißen Zeit zwei Wochen frei haben sollen.

Als nun also die »Heiße-Zeit-Ferien« in Sicht kamen, breitete eines Abends unser Vater eine große Karte auf dem Tisch aus und sagte:

»Nun wollen wir uns doch mal genau ansehen, wie weit es bis zu Familie Landes ist.«

Die Landes sind nämlich Missionare in Obervolta. Gleich beugten wir uns alle über die Karte und waren eifrig beschäftigt, die Kilometerangaben zusammenzuzählen.

»In zwei Tagen können wir die Fahrt schaffen«, meinte Papa schließlich. Sofort tauchte die Frage auf, wo wir zwischen den beiden Reisetagen übernachten konnten. Wir beschlossen, im amerikanischen Missionskrankenhaus in Ferkéssedougou anzurufen und das Gästehaus dort reservieren zu lassen. Ferkéssedougou liegt nämlich ganz im Norden an der Grenze zwischen der Elfenbeinküste und Obervolta. Bis dorthin geht eine geteerte Straße, und man konnte es gut in einem Tag schaffen. Nach Ferkéssedougou fahren übrigens gewöhnlich alle Missionarsfamilien, wenn sie ein Baby erwarten, und darum sind die meisten elfenbeinküstischen Missionarskinder in Ferkéssedougou geboren. Das muß lustig sein, wenn man später in Deutschland gefragt wird: »Wo sind Sie geboren?«, und man muß sagen:

»In Ferkéssedougou!« Den Namen muß man bestimmt jedem Beamten buchstabieren!

Gab das einen Aufstand, als wir uns dann für die Reise rüsteten! Unsere Mutter mußte eine ganze Blechkiste voll Lebensmittel packen, natürlich auch den Gaskocher und das nötigste Geschirr. Unser Vater tankte alle Reservekanister voll und stellte sie nebeneinander oben auf den Dachgepäckträger. Daneben kam das zweite Reserverad, und das Ganze sah so abenteuerlich aus, daß uns viele Leute fragten, ob wir die Wüste Sahara durchqueren wollten.

Eins war allerdings dumm. Das Telefonieren mit dem Missionskrankenhaus hatte nicht geklappt. Das kommt hier öfter vor, aber für uns war es doch schlecht, denn nun wußten wir nicht, ob das Gästehaus in Ferkéssedougou frei war.

Auf gut Glück fuhren wir los. Je mehr wir nach Norden kamen, desto heißer und trockener wurde es. In Bouaké hatten wir bereits unseren Thermokanister mit dem kalten Wasser leergetrunken und machten bei Missionaren halt, um ihn neu aufzufüllen. Zwischen Bouaké und Ferkéssedougou kamen wir über eine Eisenbahnbrücke. Ihr meint bestimmt, das sei gar nicht erwähnenswert. Aber ihr müßt wissen, daß dort die allereinzige Eisenbahnlinie der ganzen Elfenbeinküste entlanggeht. Der Zug fährt in Abidjan los und geht hoch bis nach Niger. Wir hielten auf der Brücke an, und siehe da, tatsächlich sah man aus der Ferne einen Zug anrollen. Es dauerte eine Ewigkeit, bis er endlich näher kam und dann mit einer atemberaubenden Geschwindigkeit von rund 30 oder 40 Stundenkilometern unter der Brücke hindurchbrauste. Die Fahrgäste lehnten aus den offenen Fenstern, einige hatten sogar die Türen aufgemacht, saßen auf den Trittbrettern und baumelten mit den Beinen nach draußen. Bei solcher Hitze ist das natürlich verständlich.

Mit Sonnenuntergang kamen wir schließlich in Ferkéssedougou an und fanden auch bald die Gebäude des Krankenhauses. Eine Missionarin empfing uns freundlich, aber als sie hörte, daß wir übernachten wollten, zuckte sie mit den Schultern.

»Es ist alles belegt«, sagte sie, »auch das Gästehaus in der Stadt.«

Das war natürlich eine schlechte Nachricht, zumal es in Afrika ganz schnell dunkel wird. Und wie sollten wir in der Dunkelheit noch eine andere Unterkunft finden?

Die Missionarin sah unsere Ratlosigkeit und meinte:

»Die Familie, die im Gästehaus wohnt, wurde heute mit ihren Untersuchungen fertig. Vielleicht fahren sie heute abend noch ab.«

Wir hatten keine große Hoffnung, denn welche Familie mit vier Kindern geht noch abends um 7 Uhr auf Reisen? Aber versuchen konnten wir es trotzdem. Und stellt euch vor, als wir am Gästehaus ankamen, waren die Leute gerade dabei, ihr Auto zu beladen.

»Wir fahren heute abend noch bis Bouaké«, erklärten sie uns. »Nachts ist es viel kühler im Auto.«

Als wir kurz darauf am Abendbrottisch saßen, dankten wir Gott ganz erleichtert, daß er einen Platz für uns besorgt hatte, obwohl wir nicht vorher hatten anrufen können.

Am nächsten Morgen verließen wir die angenehme Teerstraße und nahmen eine staubige, holprige Landstraße unter die Räder. Stundenlang rollten wir durch die ausgetrocknete Gegend, nur selten kam uns ein Auto entgegen.

Um die Mittagszeit entdeckten wir rechts oder links von der Straße Hütten und sahen auch manchmal Menschen. Aber alle Frauen drehten uns sofort den Rücken zu, sobald sie unser Auto kommen sahen. Einer Frau konnten wir trotzdem ganz kurz ins Gesicht gucken, und wir wunderten uns über ihren sonderbaren Mund. Das Rätsel der vorstehenden Lippen sollte sich aber erst in Obervolta lösen.

Plötzlich schnupperten wir brenzlige Luft und entdeckten in der Ferne ungeheure Rauchwolken. Ein Buschfeuer! Als wir in das brennende Gebiet kamen, wurde es merklich heißer. Rechts und links vom Weg loderten hell die Flammen. Es sah beängstigend aus. Nur der Weg vor uns war frei vom Feuer. Ein Mäuslein rannte verzweifelt im Zick-Zack über die Straße. Und weit und breit kein Mensch. Uns wurde ganz sonderbar zumute.

Schließlich hatten wir das Buschfeuer passiert. »Nun kann es nicht mehr weit bis zur Grenze sein«, überlegte Papa. Wir waren gespannt. Ein Grenzübergang ist immer eine interessante Sache, und nun sogar einer in Afrika! Aber wir wurden enttäuscht. Die einsame Straße wand sich in Obervolta genauso durch die Steppe wie in der Elfenbeinküste. Nur an dem Schild rechts vom Weg merkten wir, daß wir nun im Ausland waren. Auf diesem Schild stand schlicht und ergreifend: Haute-Volta. (Obervolta). Das war alles. Keine Barriere, kein Haus, kein Beamter, keine Paßkontrolle!

Erst nachdem wir ungefähr 40 km weitergefahren waren und schon einige Dörfer durchquert hatten, tauchte die Zollstation auf. Der Beamte war nicht gerade liebenswürdig, wenn auch nicht wirklich brummig. Nachdem Papa ein paar Scherze gemacht hatte, besserte sich seine Laune. Mit großer Sorgfalt stempelte er unsere Pässe und erkundigte sich genau, wohin wir fuhren, wen wir besuchen wollten und wie lange wir bleiben würden. Dann konnten wir weiterreisen.

Die Sonne ging gerade unter, als wir in Boroum-Boroum ankamen. Dort zeigten uns einige Missionare den Weg nach Ntodjara zu Familie Landes. Onkel Theo hatte uns geschrieben: Der Feldweg, der zu unserer Siedlung führt, geht nach ungefähr 15 km rechts von der Straße ab. Wenn ihr an eine Brücke kommt, dann wißt ihr, daß ihr die Abzweigung verpaßt habt.

Was man in Afrika Brücke nennt, ist bedeutend schwerer zu entdecken als eine Brücke in Europa. Die Brücken im Busch bestehen nur aus ein paar holperigen Brettern, und ein Seitengeländer haben sie sowieso nicht. Da es die ganze Zeit über rukkelte und holperte, hatten wir im Dunkeln gar keine Brücke gesehen und waren längst viel zu weit gefahren. Zwei Männer brachten uns das mit ihren wenigen Französischkenntnissen schließlich bei und zeigten uns die Einmündung des Feldwegs. Ihr könnt euch vielleicht unsere Erleichterung vorstellen, als wir dann in der Ferne endlich ein Licht entdeckten. Es war weit und breit die einzige helle Lampe, und diese Petromaxlampe hing in Landes Wohnzimmer.

Unsere Freunde wußten nicht genau, an welchem Tag wir kommen würden und hatten darum gar nicht mit uns gerechnet. Sie wollten gerade schlafen gehen.

Es wurde sehr spät, bis endlich Ruhe ins Haus einkehrte. Wir mußten den ganzen Bus ausladen, die Campingbetten aufstellen, die Luftmatratzen aufpusten, das Bettzeug heraussuchen und uns duschen. Wir machten alle bloß Katzenwäsche, obwohl wir eigentlich ganz schön verstaubt waren. Bei Landes duscht man nämlich mit Zisternenwasser. Onkel Theo schöpfte es extra für uns aus der Zisterne in den Hochtank, und von dort rieselte es durch ein Rohr in die Dusche, und es war eisig kalt, weil es aus der Erde kam.

Wir blieben drei Tage in Ntodjara und entdeckten so viel Interessantes, wie wir es hier in der Einöde gar nicht vermutet hätten. Als wir nämlich am nächsten Morgen die Gegend erkundeten, sahen wir ganz sonderbare Lehmhäuser. Die Leute bei uns im Bételand bauen auch Lehmhäuser, die sind einfach viereckig. Hundert Kilometer weiter bauen die Wobés runde Lehmhäuser, aber die Lobis dort in Obervolta haben Häuser, die weder rund noch viereckig sind. Sie sehen aus wie Burgen, Bungalow-Burgen. Das müssen wir euch noch besser erklären. Wenn man ein neues Haus baut, formt man aus Lehm zwei viereckige Räume und klebt an die eine Wand eine halbrunde Küche. Wenn nun die Familie größer wird, ist das Haus zu klein. Dann baut man irgendwo noch mal ein Gemach dran. Wenn der Sohn heiratet, klebt man ihm an der Seite wieder ein Schlafzimmer dran und wieder eine halbrunde Küche. Und so kommt es, daß das Haus schließlich im Laufe der Jahre wie eine Burg aussieht, mal läuft die Außenmauer gerade und mal rund. Weil nun die Burg kein 1. und kein 2. Stockwerk hat, ist sie eben ein Bungalow, und zusammen gibt das eine Bungalow-Burg!

Das Tollste kommt aber noch. Denn oben auf dem Burgendach kann man spazierengehen. Tatsächlich ist die Decke aus so festgestampftem Lehm, daß sie nicht einbricht, selbst wenn mehrere Leute hinaufklettern. Da oben auf dem Dach bewahrt man die Vorräte auf. Dort liegt ein großer Haufen getrocknete Bohnen, daneben ein Berg Hirse und in einer anderen Ecke Feldfrüchte, die wir gar nicht kannten, weil sie nur in der Steppe wachsen.

Wenn nun eine Hausfrau kochen will, nimmt sie ihre Schüssel, klettert den ausgekerbten Baumstamm hoch auf das Haus und holt sich alles, was sie braucht, herunter. Das hat den großen Vorteil, daß die Schweine, Kühe und Ziegen nicht an die Vorräte können, denn sie müßten schon Hälse wie Giraffen haben, um sich da oben zu bedienen.

Weil wir gar zu gern so ein Burgenhaus ansehen wollten, fragte Onkel Theo einen Christen, und der lud uns ein, am Sonntagnachmittag zu ihm zu kommen. Wir hätten Taschenlampen mitnehmen müssen, denn so ein Haus hat gar keine Fenster, und innen ist alles dunkel. In die äußeren Räume fällt noch durch die Tür etwas Licht, aber in den inneren, die zuerst gebaut wurden, ist es wirklich stockdunkel.

Ja, und dann erfuhren wir auch, was es mit den vorstehenden Lippen für eine Bewandtnis hatte. In einem Seitengemach saß die alte Mutter, und sie hatte in Ober- und Unterlippe ein rundes, blankes Metallplättchen. So etwas hatten wir noch nie gesehen! Stellt euch vor, diese Lippenplättchen sind ein Schmuck wie auch die Ohrringe und die Armreifen! Wir jedoch fanden die abstehenden Schnabellippen nicht schön.

Später, als wir wieder draußen waren, haben wir Christoph geneckt: »Wenn du wieder mal zu viel redest«, haben wir gesagt, »besorgen wir dir auch so einen Knopf für die Oberlippe. Aber in die Unterlippe kommt dann nur das Loch, damit man den Mund auch zuknöpfen kann!«

Nach der Haus- und Dachbesichtigung erklärte uns Onkel Theo den Sinn der runden, ganz kleinen Hüttchen rund um das große Burgenhaus. Das sind die Kornspeicher! Dort hinein kommt die ganze Hirseernte. Wenn nun eine Frau ihren Dachvorrat nachfüllen will, hebt sie das runde Strohdach etwas hoch, beugt sich durch die kleine halbrunde Öffnung und holt die Hirse heraus.

Uns fiel auf, daß die Lobihäuser gar nicht wie sonst in einem Dorf beieinanderstanden, sondern weit voneinander entfernt. Das hat seinen Grund. Eine Familie wohnt immer einen Pfeilwurf von der anderen entfernt. Der Abstand ist also sozusagen ein Sicherheitsabstand.

Wir wollten gerade wieder weggehen, da entdeckten wir beim Nachbarn sonderbare Lehmgebilde im Hof. Denkt nur, der Nachbar war ein Heide, und das waren seine Götzen, denen er opferte. Wir wollten es kaum glauben, daß die Leute tatsächlich diese komischen Lehmgebilde anbeteten. Sie hören doch nicht und können gar nicht helfen!

Aber wie sollten die Lobis früher auch etwas vom richtigen, lebendigen Gott und seinem Sohn Jesus wissen! Es war niemand da, der ihnen das Evangelium sagte, und darum machten sie sich selbst Götter.

In Deutschland haben wir manchmal Leute getroffen, die sagten: »Es gibt gar keinen Gott!«

In Afrika sagt das keiner. Alle glauben an Götter, nur leider wissen die meisten nicht, welcher Gott der richtige ist. Wie gut, daß jetzt Missionare bei den Lobis sind! Viele Lobis haben schon ihre schrecklichen Götzen zerstört und beten zu Jesus; hoffentlich verschwinden die Götzen bald alle!

Am nächsten Tag fuhren wir auf den Markt nach Boroum-Boroum. Nun ist ein afrikanischer Markt für uns eigentlich nichts Neues, aber dort in Boroum-Boroum war der Markt doch anders als bei uns in Daloa. Es gab gar kein Gemüse und kein Obst, keinen frischen Fisch und nur einen einzigen Fleischhändler. Dafür konnte man überall Hirse bekommen und kleine getrocknete Fische. Ein Mann handelte sogar mit Würfelzucker. Er verkaufte ihn aber nicht per Pfund ober per Kilo, sondern hatte auf seinem wackeligen, staubigen Tisch immer Häufchen von fünf Stückchen aufgetürmt.

Beim Weitergehen stieg uns ein sonderbarer Geruch in die Nase, und zwar roch es auf dem ganzen Markt nach Bier. Überall saßen Männer und Frauen zusammen vor großen Kübeln und leerten die Kalebassen mit Hirsebier.

Ja, und nun müssen wir euch noch erzählen, wie wir auf dem Markt getankt haben. Seitdem wir Ferkéssedougou verlassen hatten, hatten wir nirgends mehr tanken können. In Obervolta sahen wir zwar zwei Tankstellen, aber keine hatte Benzin. Zum Glück hatten wir noch die Reservekanister, aber drei waren schon leer, und die Heimfahrt war lang.

Plötzlich sagte Onkel Theo zu unserem Papa:

»Du, der Händler dort in der Bude, der hat manchmal Benzin!«

Tatsächlich! Dort stand ein großes Faß Benzin, wenn der Preis auch höher war als gewöhnlich. Papa hob die leeren Kanister vom Autodach und sagte zu dem Händler:

»Also bitte 60 Liter!«

Der holte ganz seelenruhig aus einer Ecke zehn leere Literflaschen und fing an, sie mit Benzin zu füllen. Papa erklärte ihm: »Hören Sie, in jeden Kanister passen genau 20 Liter, da brauchen Sie eigentlich gar keine Flaschen zum Abmessen.«

Der Mann ließ sich nicht beirren. Umständlich und sorgfältig füllte er alle zehn Flaschen und leerte sie dann eine nach der anderen in den ersten Kanister. Dann füllte er wieder alle zehn Flaschen, und als er auch die in den Kanister gegossen hatte, war er tatsächlich voll.

»Aha!« dachte Papa. »Nun hat er ja gesehen, daß 20 Liter reinpassen. Nun wird er die anderen Kanister einfach so vollgießen.« Weit gefehlt!

Der Händler stellte wieder seine Flaschen in Reih und Glied und machte sich erneut daran, sie vollzuplempern. Papa konnte es schier nicht mit ansehen. Schließlich standen wir alle in der größten Hitze da und warteten, und dabei hätte man es doch viel einfacher haben können. Er versuchte es noch einmal:

»Monsieur, die beiden anderen Kanister sind genau so groß. Sehen Sie doch selbst! In die passen auch je 20 Liter!«

Monsieur sah nur einmal unwillig nach oben und setzte gewissenhaft seine Arbeit fort. Da fügte Papa sich in sein Schicksal und sah belustigt zu, bis der Händler sechsmal alle seine Flaschen gefüllt und geleert hatte. Zum Schluß verkündete er mit wichtiger Miene:

»Das macht genau 60 Liter, Monsieur!«

Das Tanken hatte zwar eine halbe Stunde gedauert, aber wir hatten wenigstens Benzin und konnten beruhigt die Rückreise antreten.

Die abenteuerliche Rückreise

Für die Rückfahrt hatten wir uns noch etwas Besonderes ausgedacht. Wir wollten nämlich nicht einfach wieder dieselbe Straße entlangfahren, sondern den Bounapark durchqueren. Der Bounapark ist ein großes, geschütztes Gebiet, in dem es viele Tiere gibt, die man nicht jagen darf. Andere Missionare hatten dort Elefanten, Büffel, Nilpferde und sogar Löwen gesehen. Kein Wunder also, daß wir voller Erwartungen im Bus saßen, nachdem wir uns von den Landes verabschiedet hatten. Wir zuckelten die jetzt schon bekannte Straße entlang, meldeten uns bei der Zollstation zurück und waren bald wieder auf dem Boden der Elfenbeinküste.

Wir übernachteten bei sehr netten amerikanischen Missionaren und standen am nächsten Morgen noch bei Dunkelheit auf. Wir schlichen uns förmlich aus dem Haus, um die kleinen Kinder nicht zu wecken, und dann spürten wir schon wieder die holperige Straße unter den Rädern.

Der Park hat verschiedene Eingänge, die je von einem Aufseher besetzt sind. Bei diesem Mann bezahlt man auch die Durchreisegebühr. Als wir nun an die Parkeinfahrt kamen, war weit und breit keine Menschenseele. Papa hupte ein paarmal kräftig, da erschien ein Mann, der allerdings nicht der Aufseher war.

»Der ist auf seinem Feld«, erklärte uns der Mann. »Fahren Sie einfach rein, Sie können dann auf der anderen Seite beim Rausfahren bezahlen.«

Das war ein guter Rat. Also, auf in den Bounapark!

Die Straße war zwar miserabel, ganz schmal, voller Löcher und stellenweise halb zugewachsen. Aber der brave Volkswagen nahm gekonnt alle Hürden, und wir peilten angestrengt aus den Fenstern. Mama beruhigte uns allerdings gleich:

»So nahe am Eingang stehen die Tiere nicht gleich Parade. Geduldet euch, bis wir weiter in den Park hineinkommen.«

Tatsächlich. Nach einer halben Stunde huschten uns die ersten Gazellen über den Weg. Wir entdeckten Rehe in verschiedenen Größen, eine Wildschweinfamilie und einige große, stolze Pferdeantilopen.

Aber Papa konnte kaum nach den Tieren sehen, denn der Weg wurde immer schlechter. An manchen Stellen gähnten uns so große Löcher entgegen, daß wir uns neben dem Weg entlangdrängen mußten. Wir kamen nur ganz langsam vorwärts.

»Wenn das so weitergeht«, sagte Mama, »dann bezweifle ich, daß wir abends am Ausgang sind.«

Sollten wir umkehren? Aber dann hätten wir durch all die unmöglichen Stellen wieder hindurchmüssen!

Wir waren schon über zwei Stunden unterwegs. Papa machte die tollsten Kunststücke, um heil überall hindurchzukommen. Da sahen wir vor uns ein ausgetrocknetes Flußbett. Eine Brücke war nicht da, und es lagen so riesige Felsbrocken im Flußbett, daß es wirklich unmöglich war, es zu durchqueren. Also mußten wir doch umkehren!

Nun begann das Abenteuer von neuem. Jetzt kannten wir schon alle Hindernisse und wußten, wie man sich am besten hindurchmanövrieren mußte. Es wäre alles gutgegangen, wenn da nicht die sandige Steigung hinter einem Bachlauf gewesen wäre. Auf der Hinfahrt waren wir gut durchgekommen, aber jetzt mußte Papa nach dem Bachlauf schalten, um hochzukommen, und blieb mitten im losen Sand stecken! Die Räder drehten durch und wühlten sich immer tiefer ein. Es hatte wirklich keinen Zweck. Wir stiegen alle aus und besahen uns die Bescherung. Jetzt hätten wir einen starken Elefanten brauchen können zum Schieben! Es war jedenfalls gar keine Hoffnung, daß wir sechs, Papa, Mama und wir vier Kinder, den vollbeladenen Bus da herausschieben konnten.

Aber im Grunde genommen war es uns doch lieber, daß kein Elefant auftauchte . . .

Wir holten allerlei Stöcke und Steine herbei und packten sie vor die festgefahrenen Räder. Doch als Papa Gas gab, flog alles nur in hohem Bogen durch die Luft, und die Räder fraßen sich noch tiefer in den Sand.

Ob ihr euch vorstellen könnt, wie wir uns fühlten? Den letzten Menschen hatten wir vor zwei Stunden gesehen. Um uns her war reinste Wildnis. Hatten nicht schon manche im Bounapark Löwen gesehen? Wir sahen uns scheu um.

Wißt ihr, was wir gemacht haben? Wir haben uns alle an den Weg gesetzt und gebetet, denn Gott war tatsächlich der einzige, der uns helfen konnte. Denn selbst wenn Papa die 40 km bis zum Dorf am Eingang des Parks zurückgehen würde, um Hilfe zu holen, so war es noch längst nicht gesagt, daß dort irgendwo ein Auto aufzutreiben war, das uns herausziehen konnte. Der Norden der Elfenbeinküste ist nur dünn besiedelt und außerdem arm.

Als wir vom Gebet aufstanden, holten wir erst einmal den Wasserkanister und löschten unseren Durst. Während Papa so dastand und trank, besah er sich den festgefahrenen Bus, und plötzlich kam ihm beim Anblick des Dachgepäckträgers eine Idee. Dort oben neben den Kanistern steckte unser zweites Reserverad!

»Ich hab's!« rief er. »Martin, klettere mal aufs Auto und hol den Reifen runter!«

Er selbst montierte das andere Rad vorn am Auto ab. Dann holte er unter dem Beifahrersitz die Schaufel hervor und fing an, vor den beiden eingewühlten Hinterrädern allen losen Sand wegzuschaufeln. Währenddessen holten Martin und Christoph den Wagenheber und hievten das rechte Hinterrad hoch. Papa buddelte so lange, bis man einen Reservereifen halb darunterlegen konnte. Dann kurbelten wir das linke Rad hoch, und Papa buddelte links, bis er dort den zweiten Reservereifen unterschieben konnte. Nun ließ er erwartungsvoll den Motor an. Wir anderen schoben alle, daß uns der Schweiß lief. Papa fuhr an. Die Hinterräder stockten, bekamen halt auf den Reservereifen, rollten über sie hinweg und . . . sackten wieder tief in den losen Sand.

Wir waren also doch nicht in Fahrt gekommen. Aber wir waren genau 40 cm vorwärtsgerollt!

»Das ist trotzdem die Lösung«, sagte Papa. »Aber wir müssen noch hart arbeiten.«

Also wieder den Wagenheber her, wieder erst ein Hinterrad, dann das andere hochgekurbelt, wieder die Reservereifen untergelegt, wieder angefahren, wieder 40 cm weitergekommen.

Die Sonne stand hoch am Himmel, es war Mittag. Wir wischten immerzu Schweiß, und Mama goß reihum Wasser in die Trinkbecher. Mit neuem Elan ging's wieder ans Werk.

Rechte Seite hochkurbeln, Reifen unterlegen. Linke Seite hochkurbeln, Reifen unterlegen. Motor anlassen. 40 cm weiterfahren!

Voll Stolz besahen wir die enorme Strecke von 1,20 m, die wir schon zurückgelegt hatten. Immerhin hatten wir bereits über eine Stunde hart gearbeitet!

Ralphi saß am Wegrand und war dem Weinen nahe.

»Wenn ich später groß bin und geheiratet habe und Kinder habe, fahre ich niemals mit denen in den Bounapark«, jammerte er, und Mama tröstete ihn, so gut sie konnte.

Wir hatten die Räder zum 6. Mal hochgekurbelt, die Reifen untergelegt und sahen gerade zu, wie Papa wieder anfuhr. Da geschah das Unglaubliche. Als die Hinterräder über die Reservereifen hinweggerollt waren, stockte der Wagen kurz, der Motor heulte auf . . . Die Räder faßten!

Papa fuhr den Weg entlang, und wir stimmten vor Freude ein lautes Indianergeheul an:

»Geschafft! Wir sind heraus aus dem Sand!«

Wir lachten und sangen und konnten uns gar nicht beruhigen. Wir liefen hinter Papa her, der gerade über das ganze Gesicht strahlend aus dem Auto stieg. Wir sammelten unser Werkzeug ein, wuschen uns Gesicht und Hände, und dann setzten wir uns wieder an den Wegrand, um Gott für seine Hilfe zu danken. Er hatte zwar keinen Elefanten und auch keinen Engel geschickt, aber er hatte unserem Vater die Idee mit den Reservereifen gegeben.

Gegen 14 Uhr waren wir am Ausgang und brausten bald so schnell es ging die altbekannte Straße entlang, denn wir hatten noch eine lange Fahrt vor uns.

Wie zur Entschädigung für unsere mißglückte Bounareise schickte Gott uns dann sogar außerhalb des Parks eine ganze Affenfamilie in den Weg. Sie saßen auf einem großen Baum und schnatterten alle wild durcheinander. Sie hüpften von Ast zu Ast, schaukelten an ihren Schwänzen hin und her, und als sie merkten, daß sie beobachtet wurden, verzogen sie sich ärgerlich schimpfend, wobei die Affenmütter ihre Kleinen auf dem Rücken sitzen hatten.

Sehr spät am Abend kamen wir nach Bouaké und waren von Herzen froh, als wir dort im Gästehaus frisch bezogene Betten vorfanden. Wir genossen die warme Dusche und hatten keine Mühe einzuschlafen.

Als wir am nächsten Tag wieder in Daloa waren, kam es uns vor, als wären wir eine Ewigkeit weggewesen, denn wir hatten so viel erlebt. Und dabei waren es nur sieben Tage gewesen!

Das Botschaftertreffen

Die Geschichte vom Botschaftertreffen ereignete sich nicht etwa irgendwo im Busch, sondern in der großen Hauptstadt Abidjan, denn dort sind die Botschafter schließlich anzutreffen.

Aber richtig begonnen hat sie eigentlich in Daloa, und das kam so:

Wir saßen alle in der Schule, und Onkel Jürg war gerade dabei, uns Hausaufgaben aufzugeben. Da sahen wir durch das Fenster einen stattlichen älteren Herrn und eine vornehme schlanke Dame auf unser Schulhäuschen zuschreiten. Der Vater der Werlejungen begleitete das Paar und stellte uns den hohen Besuch vor: »Der Herr Botschafter der Bundesrepublik Deutschland, Herr Dr. Kruse, und seine Gattin!«

Da erhoben sich sogar die Schweizer respektvoll und gaben den Gästen höflich die Hand.

»Wir sind auf der Durchreise«, erklärte uns der Herr Botschafter, »und weil wir hörten, daß es in Daloa eine deutschsprachige Schule gibt, wollten wir die Gelegenheit nutzen und sie uns einmal ansehen.«

Onkel Jürg geleitete die Gäste in beide Klassenräume und gab alle gewünschten Auskünfte. Bald war er mit dem Herrn Botschafter in ein angeregtes Gespräch vertieft. Frau Kruse dagegen bewunderte unsere aufgehängten Zeichnungen, wollte wissen, wer dieses oder jenes Bild gemalt habe, und weil sie so nett nach allem fragte, umringten wir sie bald alle mit unseren Heften und hatten ihr eine Menge zu zeigen und zu erzählen. Sie interessierte sich für alles und sagte uns beim Weggehen:

»Ihr seid zu beneiden um euer gemütliches Schulhäuschen, um das herrliche Gelände mit all den Palmen und um euren Lehrer, der sich so um jeden einzelnen kümmern kann.«

Ein paar Wochen später schlenderten wir in Abidjan durch einen großen Supermarkt. Am Abend vorher hatten wir Tante Ute vom Flughafen abgeholt, und bevor wir nun wieder nach

Daloa zurückfuhren, mußten wir noch erst alle Einkäufe erledigen.

Wenn nämlich jemand in die Hauptstadt fährt, haben alle anderen Missionare so ihre Wünsche. Für den einen sollten wir Kleie zum Graubrotbacken aus der Mühle holen, der nächste brauchte Autoersatzteile, der dritte wollte Käse aus dem Großhandel und der vierte Sondermarken vom Hauptpostamt.

So war es auch kein Wunder, daß unsere Eltern ganz in ihre lange Einkaufsliste vertieft waren, während wir lauthals diskutierend vor einem großen Regal mit Legopackungen standen.

»Das ist ja meine Feuerwehrstation!« rief Dirk gerade.

»Mensch, ist die hier teuer!«

»Darum spare ich lieber mein Geld und kaufe mir später in Deutschland erst wieder neue Lego«, sagte Christoph weise, und Ralph meinte ganz entzückt:

»Guck mal, den tollen Kran! Den wünsch ich mir zu Weihnachten.« Plötzlich sagte hinter uns eine freundliche Stimme:

»Euch kenne ich doch! Seid ihr nicht aus Daloa?«

Wir fuhren herum.

»Die Botschafterin!« platzte Dirk heraus und hatte kaum Zeit, ihr artig die Hand zu reichen. Dann fegte er wie ein Wirbelwind um die nächsten Regale und rief unseren Eltern zu:

»Wir haben die Botschafterin getroffen! Kommt schnell! Hier ist sie.«

Nun begrüßten sich auch die Erwachsenen, und wie wir noch so dabeistanden, trauten wir kaum unseren Ohren. Frau Kruse lud uns alle für den nächsten Tag zum Mittagessen ein! Sie erklärte dem Papa den Weg zur Botschaftervilla, und dann rollte sie freundlich winkend mit ihrem Einkaufswagen davon.

Na, daß das unsere Gemüter erregte, ist wohl allen klar!

Am nächsten Vormittag meldeten wir Tante Ute bei der Deutschen Botschaft an. Dabei fiel uns auf, daß überall auf den Tischen kleine deutsche Flaggen herumstanden und auch solche mit Städtewappen von Köln, Hamburg oder München.

»Können wir für unsere deutsche Schule nicht auch eine deutsche Flagge haben?« fragte Christoph den Herrn Sachbearbeiter. Der guckte ihn verwundert an, holte aber dann tatsächlich aus dem Schrank ein deutsches Fähnlein.

»Och, so 'ne kleine bloß!« brummte Dirk. »'ne richtige, das wär doch toll!«

Aber da lächelte der Herr nur freundlich und sagte:

»Das geht natürlich nicht. Ihr müßt schon mit der kleinen zufrieden sein.«

Nach diesem notwendigen Behördengang blieb uns noch genug Zeit, mit der neuangekommenen Tante Ute die Aufnahmeräume von Radio ELWA anzusehen. Radio ELWA ist ein Evangeliumssender für Westafrika und steht in Liberia. Aber in Abidjan gibt es ein großes Studio, wo Sendungen in den einheimischen Sprachen der Elfenbeinküste aufgenommen werden. Später schickt man die fertigen Tonbänder nach Monrovia, wo sie dann ausgestrahlt werden.

Einer der verantwortlichen Missionare führte uns durch das ganze Haus, erklärte uns alle Instrumente und stellte uns die einheimischen Mitarbeiter vor.

Zum Schluß geleitete er uns bis vor die Tür und fragte:

»Na, was habt ihr denn heute sonst noch vor, ihr Leute vom Land in der großen Stadt?«

»Also«, sagte Papa. »Heute mittag sind wir erst mal beim Botschafter der Bundesrepublik Deutschland eingeladen . . .«

»Haha!« unterbrach ihn belustigt der Missionar. »Ich verstehe. Und heute abend diniert ihr beim Präsidenten der Elfenbeinküste! Haha!«

Wir mußten zu siebt ganz entschieden darauf bestehen, daß das kein Scherz war, bevor er uns das mit der Einladung glaubte.

Und dann war es soweit. Frisch gestriegelt und erwartungsvoll kletterten wir ins Auto. Papa fand bald im Ortsteil Cocody die Straßen der Botschafterresidenzen. Dort, wo die deutsche Flagge wehte, bog Papa in die Einfahrt ein. Er hatte kaum vor dem Haus gehalten, als auch schon zwei weißgekleidete afrikanische Diener herbeieilten.

In der Haustür erwarteten uns der Herr Botschafter und seine Frau und schüttelten uns so herzlich die Hände, daß wir uns fast wie alte Bekannte vorkamen. Dann wurden wir ins Haus geleitet, überreichten unsere Blumen und mußten unsere Namen ins Gästebuch eintragen. Schließlich nahmen wir im Salon Platz. Wir versanken in den Sesseln und waren von allem Neuen so beeindruckt, daß wir uns zur Freude unserer Mutter ausnehmend still verhielten.

Bald wurden wir zu Tisch gebeten. Im großen Eßsaal prangte eine festlich gedeckte Tafel mit geschmackvollem Blumenschmuck. Wir nahmen auf den hohen Stühlen Platz und entdeckten gleich den prächtigen Bundesadler in Messern, Gabeln und Löffeln. Als wir die weißen Servietten auseinanderfalteten, fanden wir auch darin eingewebte Bundesadler. Wir kamen uns fast wie geladene Minister in der Villa Hammerschmidt vor!

Und dann brachten die Diener das Essen. Nach der Vorsuppe kamen die silbernen Bratenplatten und die Gemüseschüsseln.

»Oh, sogar Blumenkohl«, entfuhr es Martin. Tante Ute guckte ihn erstaunt an. Aber sie war ja erst seit drei Tagen in Afrika und konnte nicht wissen, daß es in Daloa gar keinen Blumenkohl gab und er in Abidjan furchtbar teuer war.

In unsere Gläser füllte uns der Diener Apfelsaft oder Traubensaft, je nach Wunsch. Das findet ihr sicher ganz normal. Aber hier in Afrika trinken wir immer nur Zitronen-, Orangen- oder Ananassaft. Die europäischen Säfte sind viel zu teuer.

Wir schlemmten so richtig nach Herzenslust, während die Erwachsenen tiefschürfende Gespräche führten. Ob Missionsarbeit nötig sei, wollte Herr Dr. Kruse wissen, und ob es Afrikaner gäbe, die richtig aus Überzeugung Christen würden.

Zum Nachtisch gab es eine herrliche Schokoladencreme, die einem richtig auf der Zunge zerging, und so war es kein Wunder, daß wir die Schüssel fast leerten.

Nach dem Essen setzten die Erwachsenen sich wieder in den Salon, wo ihnen der Kaffee kredenzt wurde. Zu uns sagte Frau Kruse: »Seht euch ruhig den Garten an. Dort draußen ist sogar ein Schwimmbad!«

Wir trabten los und wandelten zwischen den gepflegten Beeten daher. Wir stippten die Finger ins Wasser, aber da wir keine Badehosen anhatten, fanden wir das Schwimmbad nicht weiter interessant. Plötzlich entdeckte Dirk vom Garten aus einen zweiten Eingang ins Haus, und schon standen wir alle in der Küche, wo das Dienstpersonal wirkte. Der weißgekleidete Diener servierte uns gleich wieder Saftgläser auf einem Silbertablett, und bald saßen wir in der Küche, klönten mit den Leuten und genossen den Apfelsaft.

Schließlich stiegen wir die Treppe hinauf und entdeckten, daß man von der Empfangshalle noch in zwei andere große Salons gelangte. Überall standen breite Sessel in Sitzgruppen und dazwischen kleine Tischchen mit allerlei Nippsachen.

Wißbegierig steuerte Dirk auf die Frau Botschafterin zu und fragte sie:

»Ich habe mindestens schon vier Sitzecken gezählt. Wofür braucht ihr die bloß alle?«

»Wir haben eben oft Besuch«, erklärte sie ihm geduldig, »und darum brauchen wir auch viele Sessel.«

Das leuchtete ein.

Inzwischen hatte Ralph die Schale mit den Salznüssen auf dem Kaffeetischchen entdeckt, und als es ihm erlaubt wurde, sich davon zu bedienen, kippte er sich kurz entschlossen eine angemessene Portion in den nächsten Aschenbecher, in dem guten Glauben, das sei ein Schälchen, aus dem man Salznüsse esse. Wie sollte der arme Missionarssohn aus dem Busch auch einen Aschenbecher kennen!

Zum Glück fanden unsere Gastgeber es anscheinend ganz nett, mal Kinder zu Besuch zu haben. Bei den gewohnten Empfängen, wenn all die Sessel mit Würdenträgern besetzt waren, ging es sicher nicht so lustig zu!

Als wir alle so gemütlich zusammensaßen, gab Papa die Geschichte mit der Flagge zum Besten und daß man uns auf der Botschaft nur ein Fähnlein gab, während wir Kinder eigentlich eine richtige wollten.

Frau Kruse sah ihren Mann an:

»Aber das muß sich doch machen lassen!« sagte sie energisch.

»Wozu brauchen die eine große Flagge?« staunte der Herr Botschafter. »Sie haben doch gar keinen Flaggenmast, um sie aufzuhängen.«

»Den kann uns bestimmt Onkel Hans machen!« riefen wir alle wie aus einem Mund. »Onkel Hans kann alles.«

»Siehst du«, redete Frau Kruse ihrem Mann zu. »Einen Flaggenmast könnte man erstellen.«

»Aber wozu müssen sie dort flaggen?« erwiderte Herr Kruse unwillig.

»Wenn Sie uns mal wieder besuchen, könnten wir Ihnen zu

Ehren die Flagge hissen«, meinte Martin ganz zuvorkommend.

»Die Kinder haben recht. Eine deutsche Schule braucht doch eine deutsche Flagge!« Frau Kruse ergriff wieder unsere Partei.

»Ich denke doch, das müßte sich machen lassen.«

Schließlich verabschiedeten wir uns und bedankten uns höflich für die nette Einladung. Unsere Gastgeber geleiteten uns noch hinaus ans Auto und steckten uns zwei Riesentüten Bonbons zu. Die sollten wir mit den anderen in Daloa teilen.

Bevor wir ins Auto stiegen, streifte Dirk noch mit einem Blick die wehende Flagge an der Toreinfahrt. Da zupfte er den Herrn Botschafter am Ärmel und erklärte ihm ziemlich bestimmt:

»Aber wir wollen keine Fahne mit so einem Vogel dadrin wie eure!«

Herr Dr. Kruse musterte ganz verdutzt seine Flagge, dann lachte er und sagte:

»Nein, falls ihr eine bekommt, ist es auf jeden Fall eine ohne Bundesadler. Solche da hißt man nur bei Dienststellen der Bundesrepublik.«

Dirk war beruhigt.

Stellt euch vor, ein paar Wochen später kam in Daloa ein Päckchen von der Deutschen Botschaft an. Darin fanden wir eine richtige große deutsche Flagge, und uns war allen klar, daß wir sie nur Frau Kruse zu verdanken hatten.

Jetzt bestürmten wir natürlich Onkel Hans, und der fabrizierte uns tatsächlich einen richtigen Flaggenmast, der vor dem Schulhäuschen einzementiert wurde.

Inzwischen waren aber die Dietterjungen aktiv geworden. Das konnten sie doch nicht mit ansehen, daß vor der Schule nur eine deutsche Flagge wehen sollte, wo doch ein Drittel der Schüler und eine Lehrkraft Schweizer waren! Sie baten beim Schweizer Botschafter um eine Schweizer Flagge, und als der hörte, daß der deutsche Botschafter eine gestiftet hatte, wollte er ihm in nichts nachstehen und schickte eine tolle rote Flagge mit einem weißen Kreuz.

Aber nun konnten die Flaggen immer noch nicht gehißt werden. Papa meinte:

»Es muß noch die Flagge des Gastlandes dazu, und die muß höher hängen als die Flaggen anderer Nationalitäten.« Als ehemaliger Polizist kannte er sich in solchen Dingen aus, und so bestellte Onkel Jürg bei einem afrikanischen Schneider eine Flagge der Elfenbeinküste in den Farben grün, weiß und orange.

Endlich stand der Flaggenhissung nichts mehr im Wege. War das ein Ereignis, als zuerst die einheimische Flagge, dann die deutsche und zuletzt die schweizerische am Mast hochgezogen wurden! Jetzt hätte uns nur noch etwas holsteinischer Wind gefehlt, damit die Flaggen auch flatterten, denn in der schwülen, heißen Tropenluft ließen sie nur ganz lahm die Flügel hängen.

Von dem Tag an wurden jeden Morgen die Flaggen gehißt und jeden Nachmittag wieder eingezogen, und dafür wurde extra eine Schülerabordnung bestimmt.

So endete also die Geschichte von dem Botschaftertreffen.

»Aber halt!« sagt ihr jetzt bestimmt. »Zu einem richtigen Botschaftertreffen gehören doch mindestens zwei Botschafter. Wo war denn der zweite?«

Kennt ihr den Vers aus dem 2. Korintherbrief? Dort steht: »So sind wir nun Botschafter an Christi Statt, denn Gott vermahnt durch uns. So bitten wir nun an Christi Statt: Lasset euch versöhnen mit Gott.«

Darum war der 2. Botschafter natürlich unser Vater, die 3. Botschafterin unsere Mutter und die 4. Tante Ute. Jeder, der die frohe Botschaft weitergibt, ist ein Botschafter Jesu. Wir möchten auch mal welche werden.

Zu Pfingsten nach Olodio

Vor unserem Haus stand der Volkswagenbus. Hoch oben auf dem Dachgepäckträger turnte Martin hin und her und verstaute die Sachen, die Christoph ihm hochreichte: das Campingbett, den Sack mit den Moskitonetzen, die Reservekanister und den großen Petroleumkübel. Jetzt kamen Papa und Mama mit einer schweren Kiste voll Lebensmittel aus dem Haus. Mit gemeinsamer Anstrengung wurde sie auf das Dach verfrachtet.

Ihr habt es sicher schon erraten: Wir wollten wieder einmal auf Reisen gehen!

Papa sollte die Christen in Olodio besuchen und das Pfingstfest mit ihnen feiern, und weil wir gerade eine Woche Ferien hatten, konnten wir alle mitkommen.

»Fahrt nur früh genug los«, hatte Onkel Hans uns geraten. »Der Weg ist weit und schlecht.«

Und so zuckelten wir Stunde um Stunde auf der löcherigen, welligen Straße zuerst Richtung Westen und dann immerzu nach Süden. Wir schlidderten durch Schlamm und rauschten durch breite Pfützen. Großes Hallo gab es, als ein korpulenter, schwarzer Affe vor uns über den Weg setzte.

An beiden Seiten der Straße wuchs der Bambus stellenweise so hoch und üppig, daß sich die langen Stöcke oben berührten und wir wie durch einen grünen, schattigen Tunnel fuhren.

Olodio gehört mit zu den allerersten Stationen unserer Mission. Der Ort liegt nur 40 km von der Küste entfernt und ganz nahe an der Grenze zu Liberia. Jetzt arbeitete dort nur noch eine einzige Missionarin, die aber seit einem halben Jahr in Heimaturlaub war. Kein Wunder, daß uns die Christen mit viel Freude begrüßten, als wir beim Dunkelwerden in die Missionsstation einbogen. Trotz strömendem Regen halfen sie uns fleißig beim Abladen und schleppten unser Gepäck ins Haus. Sie zündeten uns zwei Petroleumlampen an und zeigten uns den frisch gefüllten Trinkwasserfilter.

»Richtet euch ein, wie ihr wollt«, sagten sie dann und ließen uns allein in dem unbekannten Haus. Wir geisterten im Halbdunkel durch die Räume. Wie verwöhnt ist man doch mit elektrischem Licht! Beim Schein der Petroleumfunzeln sah man nicht mal die Nägel, an denen man die Moskitonetze aufhängen konnte! Da kam Papa mit unseren mitgebrachten Gaslampen, und mit hellerem Licht und vereinten Kräften gingen wir daran, die Nachtlager zu bereiten, während Mama in der Küche wirkte und einen großen Topf Suppe kochte.

»Der Tischdecker kann antreten!« rief sie.

Voll Eifer erschien Christoph in der Stube und fahndete im Schrank nach den Suppentellern. So ein unbekannter Haushalt ist immer höchst interessant, vor allem, wenn nicht alle Sorten Geschirr stapelweise parat stehen. Dann kann man nämlich improvisieren, und darin war Stophi ganz groß. Er fand zu seiner großen Freude nur drei Suppenteller. Der Rest der Familie mußte die Suppe aus Kompottschüsselchen essen. Gläser waren genug vorhanden. Aber wo war das Besteck?

Er zog alle Schubladen auf und fand nur Kerzen, Glühstrümpfe für die Petroleumlampe und Streichhölzer. In der Küche entdeckte er hauptsächlich allerlei Gerät zum Rühren, Dosenöffner und tatsächlich zwei Löffel. Er suchte unverdrossen weiter. Schließlich legte er noch drei Teelöffel und einen Eierlöffel neben die Teller, und so waren wir alle sechs bestens gerüstet, um unsere Suppe zu löffeln.

Mama sagte: »Ich wundere mich aber doch, daß gar kein Besteck im Haus ist.«

»Im Stubenschrank ist noch eine abgeschlossene Schublade. Vielleicht ist es dadrin«, vermutete Christoph.

In der Küche entdeckte Dirk einen Schlüssel, aber der paßte leider nicht.

Später kam der Evangelist Joseph noch einmal, um zu sehen, ob wir uns gut eingerichtet hatten.

»Der Schlüssel in der Küche ist für die Toilette im Hof. Aber der für die Besteckschublade liegt hier in diesem Schüsselchen ganz hinten im Schrank«, klärte er uns auf. Ein sicherer Griff, und schon förderte er ihn zutage.

Bei den späteren Mahlzeiten war der Tisch also nicht mehr so abenteuerlich gedeckt!

In den nächsten Tagen regnete es fast ununterbrochen. Aber

das störte uns nicht. In Regenmänteln und hohen Gummistiefeln erkundeten wir die Gegend und entdeckten in Olodio sogar ein Geschäft. Es war eine einfache Bretterbude, in deren Halbdunkel man Kästen mit Wein und Regale mit Ölsardinen, Maggiwürfeln und Kernseife wahrnahm. Wenn man Obst, Gemüse, Butter, Zucker und Mehl brauchte, mußte man schon drei Stunden mit dem Auto bis nach San Pedro fahren. Wir hatten zum Glück alles aus Daloa mitgebracht!

Nicht weit vom Missionshaus floß der Cavally, der weiter oben die Grenze zwischen der Elfenbeinküste und Liberia bildet.

Dirk freundete sich mit dem Nachbarn an, der gerade dabei war, Reusen zu flechten. Natürlich mußte Dirk dabeisein, als sie ausgelegt wurden. Er stand sogar morgens noch vor dem Hellwerden auf, um mit dem Nachbarn flußabwärts zu wandern und die Reusen wieder herauszuholen. Als dann des Nachbarn Frau zu Mittag von den gefangenen Krabben eine Soße kochte, wurde Dirk zum Essen eingeladen; er brachte jedem von uns ein Krabbenbein zum Probieren mit. Wären wir länger in Olodio geblieben, wäre Dirk bestimmt auch ein Krabbenfischer geworden.

Zum Abschied schenkte der Nachbar uns eine Reuse, und die bewahren wir uns als Andenken auf.

Der uralte Jacques brachte uns noch ein anderes Andenken. Wir hatten nämlich abends die Männer vom Feld nach Hause kommen sehen und uns gewundert, daß sie alle längliche Deckelkörbe über der Schulter baumeln hatten. Wir fragten Monsieur Joseph, was das zu bedeuten habe.

»Wenn man auf den Feldern die Tierfallen nachsieht und darin eine Beute findet, dann trägt man sie in dem Korb nach Hause«, erklärte er uns, und als der alte Jacques hörte, daß uns die Jagdkörbe gefielen, machte er uns gleich einen.

Eines Morgens kam die Sonne durch, und wir nutzten schleunigst die Gelegenheit zu einer Fahrt ans Meer. Wir fanden einen menschenleeren Strand, aber so eine starke Brandung, daß es unmöglich war zu schwimmen. Immerhin konnte man herrlich in den Wellen herumtoben, im Sand tolle Burgen bauen oder auch einfach im Schatten der Kokospalmen faulenzen.

Am nächsten Tag sagte Monsieur Joseph:

»Ihr müßt heute mal auf mein Feld kommen.«

»Was gibt es auf einem Feld schon zu sehen!« wunderten wir uns und hatten gar keine große Lust. Aber weil wir auch nichts Gescheiteres zu unternehmen wußten, gingen wir trotzdem mit. Die großen Töchter von Monsieur Joseph zeigten uns den Weg. Wir fuhren ein Stück mit dem Auto, stellten es dann am Straßenrand ab und marschierten im Gänsemarsch den schmalen Pfad seitwärts in die Büsche. Wir wanderten und wanderten.

»Ist es noch weit?« fragten wir die Mädchen.

»Wir sind gleich da«, antworteten sie. Aber wir wußten schon, daß das gar nichts zu sagen hat, wenn Afrikaner behaupten, man sei gleich am Ziel. Sie sind es gewohnt, lange Strecken zu Fuß zu gehen, so daß ihnen der Weg zum Feld wohl wirklich wie ein Katzensprung vorkam.

Wir balancierten über umgefallene Bäume und wateten durch tiefen Morast. Fast wäre Ralph in eine große Pfütze geplumpst. Plötzlich hörte der Busch an beiden Seiten des Wegs auf. Überall ragten hohe Maniokstengel in die Höhe.

»Aha, jetzt fängt das Feld an«, stellte Papa fest, und da stand auch schon eine Hütte.

Ja, denkt nur, die Leute hatten ein zweites Zuhause auf dem Feld, eine Hütte zum Schlafen und ein großes Küchendach, unter dem auf einem Feuer die Soße für das Abendessen brodelte. Alles war da, das nötige Küchengeschirr und sogar der Mörser und der Stampfer zum Fotou machen. Das hätten wir nicht gedacht!

Voll Stolz führte Monsieur Joseph uns durch seine Pflanzung. Soweit das Auge reichte, ging sein Reisfeld. Daneben standen dicht an dicht die hohen Bananenstauden, deren trokkene Blätter leise raschelten. Auf der anderen Seite wuchs wieder Maniok in Hülle und Fülle und ein Stück weiter reihenweise der Mais.

Die einzelnen Felder waren zwar sehr groß, aber trotzdem überhaupt nicht mit Weizen- oder Kartoffelfeldern in Deutschland zu vergleichen. Überall zwischendrin wuchsen Bäume und Büsche, die Wege führten kreuz und quer hindurch, und ab und zu wären wir fast in eine aufgestellte Tierfalle geraten.

Monsieur Joseph schlug uns eine lange Stange Zuckerrohr ab, und als wir nun alle voll Genuß daran saugten, fragte ihn unsere Mutter:

»Wem gehört denn das ganze Land von der Straße an bis zu Ihrem Feld? Es liegt alles brach!«

Monsieur Joseph guckte erstaunt.

»Das ist alles mein Land«, sagte er. »Aber warum pflanzen Sie denn nicht weiter vorn? Dann brauchten Sie doch nicht jeden Tag eine halbe Stunde laufen, bis Sie am Feld sind.«

»Früher habe ich vorn an der Straße gepflanzt«, erklärte er uns nun. »Erst Reis, dann Maniok und Bananen, aber alle paar Jahre rode ich neues Land und lege neue Pflanzungen an. Der Boden trägt dann nicht mehr gut. In 15 oder 20 Jahren, wenn sich das Land an der Straße genug ausgeruht hat, fange ich wieder dort an.«

Als er unsere verdutzten Gesichter sah, fragte er:

»Macht ihr Weißen das bei euch nicht so?«

Da mußten wir alle lachen.

»Nein«, sagte Papa. »Bei uns hat kein Bauer so viel Land, daß er die Felder jeweils 15 Jahre liegen lassen kann.«

Schließlich wurde es Zeit für den Rückweg.

»Wir finden den Weg jetzt alleine«, versicherten wir. Aber davon wollte Monsieur Joseph nichts wissen. Er ordnete wieder drei der größeren Kinder ab, die uns bis zur Straße geleiteten, denn so gebietet es die afrikanische Höflichkeit.

Wir mußten rechtzeitig zu Hause sein, denn jeden Abend hielt Papa eine Bibelstunde.

Kurz vor 20 Uhr bearbeitete Monsieur Joseph gekonnt das aufgehängte Eisen vor der Kapelle, so daß es laut durch die ganze Gegend schallte. Bald darauf setzten sich aus allen Hütten schwankende Petroleumlampen in Bewegung. Die Kapelle lag völlig im Dunkeln. Auch draußen war alles stockdunkel, denn natürlich gibt es ohne Elektrizität auch keine Straßenlaternen.

Jeder stapfte mit seiner Petroleumfunzel durch die Finsternis und erhellte sich seinen Weg. Von weitem sah das aus, als schwebten aus allen Richtungen Glühwürmchen herbei.

Von der Kapellendecke hing ein langer Eisenhaken herunter, an den hängte Monsieur Joseph die Gaslampe, damit Papa wenigstens die Schrift in seiner Bibel erkennen konnte.

Trotz Regen versammelte sich jeden Abend die kleine Gemeinde, und ihre Lieder klangen viel melodischer als der Bétégesang, den wir kannten. Monsieur Joseph übersetzte Papas Predigt in die Krousprache. Eingehüllt in ihre bunten Tücher saßen die Leute auf den unbequemen Holzbänken ohne Lehne und hörten trotz Müdigkeit aufmerksam zu. Nach der Gebetsgemeinschaft zogen sie die Lampen wieder unter den Bänken hervor, wo sie die ganze Zeit auf Sparflamme gebrannt hatten. Die Dochte wurden sorgsam höher gedreht und der Heimweg angetreten. Wie sie gekommen waren, schwärmten die »Glühwürmchen« in der Nacht wieder auseinander.

Nach einer Woche kam die Heimreise und die Gemeindeglieder machten bedenkliche Gesichter. Es hatte fast alle Tage geregnet. Wer konnte wissen, ob die Straßen noch passierbar waren? Es gingen Gerüchte von Überschwemmungen und steckengebliebenen Lastwagen um.

Wir brachen dennoch auf, denn in Daloa begann für Papa wieder der Dienst und für uns die Schule.

Wir hatten ja schon allerlei auf den einheimischen Straßen erlebt. Aber diese Rückreise sollte eine der abenteuerlichsten Fahrten werden.

Papa lenkte das Auto gekonnt durch Morast und Wasserlöcher. Stellenweise floß das Wasser in breiten Bächen über die Straße. Schließlich kamen wir an einen Fluß, der über die Ufer getreten war und die Straße in einen riesigen See verwandelt hatte. Man konnte nicht einmal erkennen, wie die Straße weiter verlief. Da sank selbst Papa als altem Seemann der Mut. Ja, mit einem Schiff hätte er uns wohl sicher hinübernavigiert. Aber auf vier Rädern?

Wir waren alle ganz ratlos. Sollten wir umkehren? Aber wie kamen wir dann nach Hause? Wir konnten doch nicht warten, bis die Regenzeit vorbei war!

Da kam auf der anderen Seite ein Lastwagen heran. Der Beifahrer krempelte sich die Hosenbeine hoch und watete in den See, um seine Tiefe zu loten. Das Wasser ging ihm bis an die Knie! Langsam pflügte der Lastwagen sich durch die Überschwemmung. Wir warteten, bis sich die Wogen geglättet hatten. Dann wagten wir es auch. Im ersten Gang ging's behutsam hinein ins Wasser. Wir hielten gespannt den Atem an. Fünfzig Meter . . . hundert Meter . . . hundertfünzig . . . jetzt!

»Hurra, wir haben es geschafft!« brüllten wir im Chor und waren heilfroh, wieder trockenen Boden unter den Rädern zu haben.

Aber unser Glück war nicht von langer Dauer. Wir kamen an einen zweiten Fluß, dessen Brücke völlig eingestürzt war.

»Hier kommt ihr nicht weiter«, sagten uns ein paar Männer. »Die einzige Möglichkeit ist, durch die Plantage zu fahren. Aber da braucht ihr einen Führer, sonst verirrt ihr euch.«

Das leuchtete ein. Auf über 130 000 ha waren hier Bäume gepflanzt, aus deren Saft man die Autoreifen macht.

Also fragte Papa in den Wohnhäusern der Plantagenarbeiter nach und fand einen Mann, der uns sicher durch die Pflanzung lotsen wollte unter der Bedingung, daß er bis San Pedro mitfahren dürfe. So ging die Reise trotzdem weiter, und wenn der gute Mann sich auch ein paarmal im Weg irrte, so kamen wir zu guter Letzt doch wieder auf die große Straße. Wir hatten im ganzen 24 km in der Plantage zurückgelegt!

Als wir nach San Pedro kamen, wo die Teerstraße begann, waren wir alle erleichtert.

»Nun können wir wenigstens nirgends mehr steckenbleiben«, freute sich Ralph, und zu Hause schnappte er sich gleich unsere Pussi, die ganz gemütlich auf der Terrasse lag:

»Pussi, wir sind wieder da!« rief er. »Fast wären wir im Wasser steckengeblieben, aber wir sind doch heil durchgekommen. Da freust du dich auch, nicht?« Und Pussi erhob sich gelassen, reckte und streckte sich ausgiebig und schnurrte ihm zufrieden um die Beine.

Von Taufgottesdienst und Schweinejagd

Man braucht nicht unbedingt eine lange Reise zu machen, um etwas zu erleben, denn diese Geschichte passierte an einem ganz gewöhnlichen Sonntag, als wir mit Papa zum Gottesdienst in den Busch fuhren. Wer hätte morgens gedacht, daß wir abends ein Schwein abschaben würden!

Aber halt, wir wollen schön der Reihe nach erzählen. Also: Zuerst ging es ziemlich gewöhnlich los. Eine Fahrt in den Busch ist ja nichts Neues mehr für uns. Wir haben schon viele Gottesdienste, Gemeindefeste und Taufen miterlebt. Wir fuhren fast zwei Stunden, wurden auf der löcherigen Straße durchgerüttelt, schlidderten durch riesige Pfützen und Schlammlöcher und rumpelten über abenteuerliche Brücken. Danach ging es ziemlich langweilig weiter. Die Taufe, die um 9 Uhr beginnen sollte, fing erst um 11 Uhr an, weil die Frauen vorher noch die Bananen für das Mittagessen stampfen mußten. Im ganzen waren rund 80 Christen gekommen, und für so viele Leute Foutou machen, das geht eben nicht so schnell.

Nach dem Stampfen mußten sich die Frauen noch erst waschen, denn sie hatten tüchtig geschwitzt.

Die ganze Zeit über saßen wir im Schatten und kauten an unserem afrikanischen Zweitfrühstück. Das war gekochter Jams, den man in gesalzenes und gepfeffertes Öl tunkte, und in Glut gebratene Kochbananen mit gerösteten Erdnüssen.

Danach guckten wir den Dorfkindern zu. Die einen spielten mit ein paar Glaskugeln, die anderen hatten ein Rebhuhnküken, das sie immer ein paar Schritte wegtrippeln ließen und dann wieder einfingen. Sie wollten es Dirk schenken. Aber Papa war dagegen. Er sagte:

»In deinem Zimmer kannst du es nicht halten, und für ein Rebhuhnküken extra einen Hühnerstall bauen, das geht auch nicht.«

Endlich, endlich hieß es: Abmarsch zur Taufstelle! Wie gesagt, gegen 11 Uhr waren wir alle um das große Wasserloch vor dem Dorf versammelt. Nirgends waren hohe Bäume, die

Schatten gaben, und weil um diese Zeit die Sonne schon ganz schön heiß brannte, machte Papa die Taufe so kurz wie möglich. Dafür war dann der Gottesdienst länger. Dazu pilgerten wir alle wieder zurück ins Dorf und versammelten uns unter einem großen, schattigen Dach aus Palmwedeln. Als Papa wieder trockene Sachen anhatte, fing er mit der Predigt an. Monsieur Gideon übersetzte sie Satz für Satz in die Niambouasprache. Alle paßten gut auf. Hier in Afrika predigt unser Vater immer mit Beispielen aus dem afrikanischen Dorfleben. Das verstehen alle gut.

Nach der Predigt kam noch das Abendmahl, an dem die Neugetauften zum erstenmal teilnehmen durften.

Als die Frauen endlich mit den Schüsseln für das Mittagessen kamen, war es schon halb drei Uhr. Die Leute setzten sich zum Essen in kleine Gruppen, in deren Mitte je eine Schüssel mit Foutou, eine mit Reis und eine mit Soße gestellt wurde. Daraus aßen dann alle gemeinsam mit der rechten Hand.

Für die Gemeindeältesten und für uns wurde extra ein Tisch gedeckt. Wir bekamen auch Teller und Löffel. Als wir unsere Schüsseln aufdeckten, merkten wir, wie hungrig wir waren. Wir vertilgten jeder ein ansehnliches Stück Foutou und nagten mit Genuß am Fleisch. Ein Christ hatte für dieses Festessen nämlich ein Schaf gestiftet und ein anderer eine Ziege.

Nach dem Essen kam das erste große Ereignis, denn Monsieur Gideon, der Gemeindeleiter, besaß ein richtiges, schweres Motorrad. Schon am Morgen hatte er jedem eine Tour versprochen. Jetzt rückte er also den Schlüssel heraus und Papa ließ die Maschine an. Dann kurvte er zuerst mit Ralph durch die Gegend. Als wir Großen dran waren, konnte er ruhig einen Zahn zulegen und brauste denn auch ganz zackig mit uns die Dorfstraße entlang. Das war das erste Mal, daß wir richtig Motorrad fuhren. Wenn wir groß sind, kaufen wir uns bestimmt auch so eins!

Neben unserem Auto hatten sich jetzt schon eine Menge Leute gesammelt, die alle von unserem Vater nach Hause gebracht werden wollten. Er hatte ihnen eine Fahrt nach Moncozohi versprochen, und die wollten möglichst viele nutzen. Als er die Türen aufschloß, quoll es nur so ins Auto hinein, und als er schließlich abfuhr, saßen mindestens 14 Erwachsene dicht zusammengequetscht auf den Bänken und hatten in alle Zwischenräume noch ein halbes Dutzend Kinder geschoben.

Während unser Vater also mit seiner Fuhre unterwegs war, kam Monsieur Albert, einer der Christen aus dem Dorf, und sagte zu unserer Mutter:

»Ich möchte euch gern eins von meinen Schweinen schenken. Ich gehe es jetzt schießen.«

Schon verschwand er im Haus und kam mit einem langen Gewehr wieder. Hier laufen die Hausschweine nämlich immer frei herum, fast wie Wildschweine. Sie bleiben aber in der Nähe des Dorfes, und damit jeder seine eigenen herauskennt, zeichnet er sie gleich, wenn sie auf die Welt kommen, am Ohr. Wer nun Appetit auf Schweinebraten hat, kann sein wildes Hausschwein nicht anders erwischen als mit einem Schuß oder einem Speer.

Na, das mußten wir doch miterleben! Wir setzten unsere Sonnenhüte auf und pirschten alle vier mutig hinter Monsieur Albert her. Er immer voran mit der Flinte. Der dicke Eber, den er auf dem Korn hatte, roch anscheinend Lunte, denn immer, wenn wir ein Stück näher herankamen, stob er mit lautem Gegrunze davon. Wir verfolgten ihn fast durch das ganze Dorf und entdeckten ihn zuletzt im hohen Busch hinter der letzten Hütte. Bevor man so ein Schwein schießt, muß man ganz sicher sein, daß es einem wirklich gehört und nicht womöglich dem Nachbarn. Um also das Zeichen im Ohr zu erkennen, muß man etwas näher herangehen. Nun muß man nicht meinen, daß diese Schweine dumm seien. Wenn sie nämlich einen sehen, der ihnen mit seiner Flinte zu nahe kommt, grunzen sie nur noch kurz und trocken, und weg sind sie!

Monsieur Albert gab also sein Gewehr einem anderen Mann und pirschte dichter an den Eber heran. Weil der keine Flinte sah, blieb er ruhig stehen. Monsieur Albert überzeugte sich schnell, daß es wirklich sein Schwein war, winkte dem anderen Mann, und dann dröhnte uns ein Schuß in den Ohren, daß uns Hören und Sehen verging. Wir hätten nie gedacht, daß es so laut ist, wenn man direkt daneben steht.

Der Eber purzelte auf den Rücken, strampelte noch ein paarmal mit den Beinen, und hauchte sein Leben aus.

Inzwischen hatte sich die halbe Dorfjugend versammelt. Im

Triumphzug kehrten wir mit unserer Beute ins Dorf zurück, allen voran vier kräftige Jungen, von denen jeder das Schwein an einem Bein trug. Der Kopf mit der blutenden Schußstelle hinterm Ohr baumelte traurig herunter.

Wir wickelten das tote Schwein in eine große Plastikplane, und als Papa kam, verstauten wir es im Auto.

Es war schon fast 6 Uhr abends, als wir wieder in Daloa ankamen. Martin stellte gleich zwei Riesenkochtöpfe mit Wasser auf den Gasherd, und Christoph holte die Plastikbadewanne. Zum Glück sind die afrikanischen Schweine längst nicht so groß wie die deutschen. Es paßte also gut in die Wanne, und als das Wasser kochte, brühten wir es auf der Küchenterrasse schön von allen Seiten ab. Dann holten wir Tante Ute, denn Mama meinte:

»Das ist schließlich eine Bauerntochter, die wird wissen, was wir jetzt machen müssen.«

Tante Ute aber war auch ziemlich ratlos. Als sie klein war, hat sie eben nie Zeit gehabt zuzugucken, wenn ein Schwein geschlachtet wurde. Sie hat dann immer Schularbeiten gemacht und tüchtig gelernt, darum hat sie es ja auch geschafft, Lehrerin zu werden. Sie sagte:

»Ich weiß bloß, daß man die Borsten abschaben muß, und irgendwann hinterher sah ich früher immer, wie das Schwein in zwei Hälften an der Scheunentür hing.«

Also schabten wir es schön von allen Seiten, bis es ganz nackt aussah. Dann holte Tante Ute aus dem Schulhaus ein Sprungseil, und damit hängte Papa das Schwein hinter dem Haus an einem Baum auf. Er griff zum Messer und schlitzte ihm den Bauch auf. Mit einem satten Platsch purzelten alle Eingeweide heraus, so daß unser dralles Eberlein elend aussah wie nach einer Schlankheitskur und Dirk ganz entsetzt rief:

»Und was bleibt nun eigentlich noch zum Essen übrig?«

Vier kleine Schinken blieben und noch ein paar Pfund Rippen, und von den Schinken war einer ganz voll Bleikugeln, die wir erst alle herauspuhlen mußten. Voll Stolz verteilten wir noch am selben Abend etwas von unserer Jagdbeute an die anderen Missionare, und Nachbars Hund bekam auch einen Festschmaus.

Das war also das erste Mal, daß wir in Afrika auf die Jagd

gingen, und unsere Beute war weder Elefant noch Löwe, sondern ein ganz normales, wildes Hausschwein.

Vom Fund der Dinosaurierknochen

Vor unserem Haus war wieder emsiges Treiben. Aber dieses Mal wurde kein Auto beladen. Es war nicht einmal eine Reise in Sicht. Denn das müßt ihr wissen: Die meiste Zeit gehen auch wir hier in Afrika ganz brav in die Schule! Wir lernen Vokabeln, pauken mathematische Formeln und machen Rechtschreibeübungen.

Erst wenn Bücher und Hefte zugeklappt sind, wird es interessant. Dann veranstalten wir Radrennen, spielen Fußball oder bauen Hütten aus Palmwedeln.

Und neulich hatten wir die Idee, einen Brunnen zu graben! Unter der breiten Akazie vor dem Haus hatte Ralph mit seinen kleinen Freunden angefangen zu buddeln. Mittags kam Dirk aus der Schule, und weil er dort so lange stillgesessen hatte, war er so richtig voll Unternehmungsgeist.

»Gib mir mal die Schaufel her«, sagte er zu Ralph, und schon sah man Dirk schuften wie einen Schwerarbeiter.

In der ersten Verschnaufpause rief er plötzlich:

»Ich weiß was! Wir graben ein gaaanz tiefes Loch!«
Ralph war gleich Feuer und Flamme.

»O ja! Wir graben so lange, bis wir auf der anderen Seite der Erde wieder rauskommen!« schlug er vor. Aber nun wollte er auch wissen, ob sich die Anstrengung lohnte.

»Wo kommen wir denn an, wenn wir hier durch sind?«

Dirk wischte sich den Schweiß von der Stirn und grübelte. Tja, da hatte er zwar neulich allerlei in Heimatkunde gelernt, aber die andere Seite der Welt war ihm doch noch unbekannt.

»Wir gucken auf dem Globus nach!« Natürlich, man muß sich nur zu helfen wissen!

»Also, hier ist die Elfenbeinküste, und genau auf der anderen Seite ist . . . bloß Wasser. Wenn wir ein bißchen schief graben, kommen wir nach Polynesien auf die Washington-Insel. Aber sonst ist's bloß das Meer.«

»Na, wenn da bloß Wasser kommt, können wir ja lieber gleich einen Brunnen graben«, entschied nun Ralph, und dabei blieb es.

In den nächsten Tagen wurde in jeder freien Minute gegraben. Rundherum um das Loch wuchsen die Haufen der ausgehobenen Erde. Nach zwei Tagen konnte man schon richtig hinunterspringen in die Baustelle.

Am dritten Tag wurde es schon schwierig, nach dem Graben wieder aus dem Loch herauszukommen. Darum brachte Dirk fürsorglich das erste Steigeloch in der Brunnenwand an, da konnte man einen Fuß hineinsetzen und dann wie auf einer Leitersprosse nach oben steigen.

Je tiefer der Brunnen wurde, desto interessanter wurde das Graben, so daß sich jetzt auch die Großen einfanden, um zu helfen. Es war längst viel zu anstrengend geworden, die Erde jedesmal nach oben über den Brunnenrand zu werfen. Darum hatten Denzlers Kinder ihren kleinen Eimer zur Verfügung gestellt. Dirk befestigte an seinem Bügel ein langes Seil und ließ den Eimer ins Loch hinunter. Dort füllte Christoph ihn mit Erde, und Dirk zog ihn dann hoch, kippte ihn aus und ließ ihn leer wieder hinunter. Von dem Tag an mußte man zu zweit sein, um am Brunnen zu arbeiten, einer als Zieher, der andere als Graber.

Unser Unternehmen wurde bald Stationsgespräch. Nach Schulschluß fand sich jedesmal wohl ein Dutzend Kinder ein, um nach dem Stand der Dinge zu sehen und um mit Hand anzulegen. Bereits bei 70 cm Tiefe stießen wir auf unförmige Gebilde, die Christoph sogleich als Dinosaurierknochen erkannte. Er mußte es wissen, denn Tante Ute behandelte im Unterricht gerade die Frühzeit der Erde. Papa war da nicht so sicher. Er meinte:

»Das sieht mir ganz verdächtig nach gewöhnlichen Baumwurzeln aus.«

Aber Erwachsene sehen alles viel zu nüchtern!

Stolz legten wir unsere historischen Funde auf die Seite.

Und dann wurde wieder gegraben. Ralph hatte jetzt Handlanger eingestellt, und in schwindelnder Tiefe von 1,10 m sah man abwechselnd schwarze Krausköpfe und blonde Haarschöpfe auftauchen. An der Brunnenwand befanden sich bereits vier Steigelöcher. Zu zweit wurde die Erde hochbefördert.

Unser Brunnen war nun schon geradezu ein gähnender Abgrund geworden, und Papa bestand darauf, daß wir Bretter besorgten und ihn jedesmal nach Arbeitsschluß abdeckten.

»Es könnte sonst bei Dunkelheit leicht jemand hineinfallen«, warnte er uns, und da hatte er natürlich recht.

Bei 1,20 m kamen wir immer noch nicht auf Grundwasser. Ralph verlor allmählich die Geduld. Immerhin arbeiteten wir schon über eine Woche in jeder freien Minute.

Als wir mittags aus der Schule kamen, schrie Ralph uns schon von weitem entgegen:

»Wasser! Wir sind auf Wasser gestoßen!«

Ungläubig starrten wir in den Brunnen. Tatsächlich, Wasser! Aber was war das? Es wurde ja immer weniger und versikkerte schließlich ganz. Da hatte der Schlingel doch einfach ein paar Eimer voll hineingekippt und uns glatt angeschmiert!

Damit ihr es nur gleich wißt: Wir sind überhaupt nie auf Wasser gestoßen! Wir sind auch nie in Polynesien angekommen.

Als wir uns zum letzten Mal Mamas Schneidermaßband ausliehen und die Tiefe loteten, zeigte es genau 1,45 m. Da beschlossen wir, das Unternehmen abzubrechen.

Mit viel Hallo und vereinten Kräften schoben wir alle aufgehäufte Erde wieder in das Loch und fanden uns damit ab, einfach wie immer Stadtwasser zu trinken.

Eine lausige Überraschung

Daß die Vorweihnachtszeit beginnt, merkt man hier in Westafrika nur am Kalender. Der hat nämlich plötzlich nur noch ein einziges Blatt.

Aber draußen sind die Bäume und das Gras grün wie immer, die Blumen blühen wie immer, die Sonne scheint wie immer, und wir wischen Schweiß wie immer. Es ist eben alles ganz anders als in Deutschland in der Adventszeit, und darum war wohl auch die Überraschung, von der wir euch gleich erzählen werden, ganz anders, als sonst die Vorweihnachtsüberraschungen zu sein pflegen.

Sie kündigte sich schon länger an, ohne daß wir auch nur etwas von ihr geahnt hätten. Es begann damit, daß Dirk eine neue dumme Angewohnheit bekam: Er kratzte sich zu jeder Zeit und an jedem Ort am Kopf! Wenn er Schularbeiten machte, ließ er plötzlich den Stift fallen und kratzte sich auf dem Kopf. Wenn wir am Tisch saßen und aßen, legte er mit einemmal die Gabel weg und fuhrwerkte in seinen Haaren herum, so daß unsere Mutter oft mahnte:

»Dirk, laß das doch sein! Du siehst ja aus wie ein Struwwelpeter, und die Haare fallen dir in den Teller!«

Dirk murmelte dann jedesmal:

»Aber es juckt gerade so!«

Nach einiger Zeit fingen auch Christoph und Ralph mit dieser dummen Angewohnheit an. Scheinbar war das Kratzen ansteckend!

Eines Tages nach dem Abendessen, als wir gerade ins Bett gehen wollten, hatte Papa eine Eingebung. Er holte aus dem Medikamentenschrank den ganz feinen, kleinen Kamm heraus, zog über die Zinken weiche, weiße Watte und fuhr damit Dirk durch die Haare. Das Ergebnis war verblüffend!

Auf der Watte war es plötzlich lebendig! Da turnten und spazierten lauter kleine Tierchen herum.

»Dorle!« rief unser Vater triumphierend. »Dirk hat Läuse!«

Entsetzt kam unsere Mutter angelaufen. Tatsächlich, richtige lebendige Läuse!

Vorsichtig entfernte Papa die Watte, schob neue durch die feinen Zinken und probierte es mit Christoph und Ralph. Dasselbe Ergebnis! Alles voll Läuse!

Nur bei Martin waren keine aufzutreiben, obwohl er beim Anblick all der Läuse gleich ganz verstohlen anfing sich zu kratzen.

Zuerst wollte Papa mit der »Schafschur« bis zum nächsten Tag warten, aber als Mama prophezeite:

»Ich glaube, ich schlafe heute nacht nicht, wenn ich nun weiß, daß unsere Kinder Läuse haben«, da holte er Kamm und Schere hervor und eröffnete seinen Frisiersalon im Büro.

Einer nach dem anderen fiel unter das Messer, zur Vorsorge auch Martin. Und Papa war nicht zimperlich. Er ging so radikal zu Werk, daß wir alle vier schließlich nur noch eine Andeutung von Haaren besaßen. Mit einem Blick konnte man nun die ganze Kopfhaut nach Läusen überprüfen, und keine einzige konnte mehr verborgen bleiben.

Nach der Schur verbrannte Papa alle Haare und sprühte sein ganzes Büro mit Insektenvertilgungsmittel aus. Wir vier mußten noch einmal unter die Dusche, und es wurde spät, bis wir endlich in den Betten lagen. Es war ganz ungewohnt, daß wir uns gar nicht mehr kratzen mußten.

Als wir am nächsten Morgen in die Schule kamen, traute Tante Ute ihren Augen nicht.

»Wie seht ihr denn aus!« rief sie entsetzt. »Wie Sträflinge!«

Kaum hatten wir unsere Läusegeschichte erzählt, da bogen die Werlejungen auf ihren Fahrrädern um die Ecke. Uns blieb vor Staunen der Mund offen. Sie hatten alle drei amerikanischen Millimeterschnitt!

»Wir hatten Läuse«, verkündeten sie stolz, und als sie unsere Köpfe anguckten, riefen sie ganz überrascht:

»Aber ihr habt ja die gleiche Plüschfrisur!«

Da kamen die Dietterjungen quer über die Wiese marschiert. Sie waren die einzigen, die noch normal aussahen. Allerdings nicht mehr lange, denn noch am gleichen Nachmittag wurden sie zu Hause unter die Lupe genommen, und weil es auf ihren Köpfen ebenfalls kribbelte und krabbelte, bekamen sie natürlich auch einen zünftigen Militärschnitt.

Es war müßig, lange Diskussionen zu führen, woher die Viecher gekommen waren und wer sie von wem bekommen hatte. Wichtig war jetzt, sie wieder loszuwerden, und unsere Mütter holten deshalb allerlei Mittel aus der Apotheke. Mit dem einen mußte man die Kopfhaut massieren, mit dem anderen die Haarstoppeln waschen, und die Werles behaupteten noch, mit Petroleum nachzuspülen, das wäre die sicherste Methode.

So kam es, daß wir eine äußerst unbeschwerte Adventszeit verlebten, denn wir brauchten uns die ganze Zeit überhaupt nie zu kämmen!

Weihnachten bei den Baoulés

Die Läuse waren restlos ausgerottet und die Haare schon wieder ein paar Millimeter gewachsen, als das Weihnachtsfest herankam. Hier in Afrika feiern wir es immer zuerst mit den Christen im Busch, und erst wenn es schon vorbei ist, kommt unsere Familienfeier.

Dieses Mal waren wir besonders gespannt auf Weihnachten, denn wir wollten es nicht wie sonst mit den Bétés, sondern mit den Baoulés feiern und dort sogar die Nacht verbringen.

Darum hatten wir auch die Campingbetten, die Luftmatratzen und einen großen Vorrat an Trinkwasser an Bord, als wir uns abends auf den Weg nach Belleville machten.

Belleville heißt zwar auf deutsch »schöne Stadt«, aber schön ist es dort trotzdem nicht. Die meisten Leute von Belleville arbeiten in der Sägerei am Eingang des Dorfes. Kein Wunder also, daß viele Häuser aus Abfallholz zusammengenagelt und manche sogar mit Furnierresten gedeckt waren.

Es war schon ganz dunkel, als wir in Belleville ankamen. Wir hatten zwar keine lange Reise hinter uns, aber der Gemeindeleiter brachte uns trotzdem zuerst einmal eine große Schüssel Reis mit Hühnersoße, damit wir uns stärken konnten. Nach dem Essen zeigte uns Monsieur Henoch zwei Räume in seinem Häuschen, die er für uns frei gemacht hatte, und wir schlugen unser Nachtlager auf.

Inzwischen waren viele Christen aus der ganzen Umgebung angekommen. Es wurde Zeit, zur Kirche zu gehen.

Ja, diese Kirche hättet ihr sehen sollen!

Da gab es keinen Tannenbaum und auch keine Kerzen. Tannen wachsen hier gar nicht, und niemand würde verstehen, warum für deutsche Christen der Tannenbaum zum Weihnachtsfest gehört. Da hingen weder Strohsterne noch Glaskugeln, da war überhaupt nichts, was weihnachtlich ausgesehen hätte.

Und die Kirche selbst? Das war eher eine Baustelle als ein Gotteshaus. Die vier Wände waren weder innen noch außen verputzt. Fenster und Türen fehlten. Der Fußboden bestand aus aufgeschüttetem losem Sand, und für das Dach hatte der Gemeinde noch das Geld gefehlt!

Nun meint ihr sicher, das sei doch ganz unmöglich, dort überhaupt Weihnachten zu feiern! Wir wußten auch nicht so richtig, was wir davon halten sollten, als wir da auf unseren Bänken saßen und uns umsahen. Aber dann haben wir ganz schnell begriffen, daß man zum Weihnachtsfest gar keine glitzernde Dekoration braucht und daß man es sogar in einer ungemütlichen Baustelle feiern kann. Die Baouléchristen selbst wären auch gar nicht auf die Idee gekommen, daß ihnen zum Fest etwas fehlen könnte. Sie hatten die Bibel aufgeschlagen, und dort stand schwarz auf weiß die Geschichte der Geburt des Heilandes. Sie wußten, daß dieser Heiland Jesus später am Kreuz gestorben war und ihnen darum alle Schuld vergeben hatte. Früher hatten sie in Angst vor den bösen Geistern gelebt, und nun waren sie Gottes Kinder geworden. Darum waren sie voller Freude und stimmten ein Lied nach dem anderen an. So ausgiebigen, fröhlichen Gesang habt ihr bestimmt noch nie miterlebt!

Schließlich kam eine Verschnaufpause, und Monsieur Henoch sagte zu Papa:

»Jetzt erwarten wir die Predigt.«

Die kleinen Kinder schliefen inzwischen auf den Matten, die vorn vor dem Tisch lagen. Aber die Erwachsenen hörten sehr gut zu. Nach der Predigt hatte man es noch besser begriffen, daß wirklich Gottes Sohn Mensch geworden war, und darum mußte unbedingt wieder gesungen werden.

Nach dem Singen wurde . . . gesungen, hinterher . . . gesungen, schließlich . . . gesungen und wieder . . . weitergesungen!

Alle waren mit ganzem Herzen dabei. Wohl an die 30 Frauen tanzten in den engen Gängen zum Gesang. Sie hatten strahlende Gesichter und lachten sich gegenseitig zu. Die Männer klatschten einmütig und mit solcher Wucht den Takt dazu, daß es weit hinaus in die Nacht schallte.

Wir saßen still dabei und staunten. Daß man sich so freuen konnte!

Keiner würde später zu Hause weiterfeiern. Für die Kinder würde es keine Bescherung geben. Das Weihnachtsfest, das war das Zusammensein in der Kapelle, und darum konnte auch keiner ein Ende finden.

Wir wurden müde. Papa sollte am nächsten Morgen fit sein für die Festpredigt. Darum gingen wir gegen Mitternacht schlafen. Aber für die über 250 Leute war gar kein Platz zum Schlafen, und so feierte man einfach die ganze Nacht über, obwohl die Bänke ohne Lehnen höchst unbequem waren.

Zwischen den Liedern erzählten einzelne, was sie in der letzten Zeit mit Gott erlebt hatten, und vor Freude und Dankbarkeit stimmte man wieder ein neues Lied an. Gegen 7 Uhr am Morgen hatten alle Hunger bekommen, und weil es in Belleville sogar einen Bäcker gibt, setzte nun eine richtige Völkerwanderung ein. Alle kamen mit langem Weißbrot zurück.

Auch wir sollten ein Frühstück bekommen. Monsieur Henoch gab sich große Mühe, uns wie würdige Gäste zu bewirten, obwohl wir genausogern einfach vom Brot abgebissen hätten wie alle anderen Leute. Er stellte also einen Tisch in den Schatten, die Kinder schleppten Stühle herbei, und Madame Henoch stellte sechs Becher parat.

Monsieur Henoch holte nun sein Moped aus dem Stall und fuhr ins Dorf, um Zucker und Kaffee zu kaufen. Es dauerte lange, bis er zurückkam, denn er hatte wohl in mindestens vier Verkaufsbuden nach Zucker fragen müssen. Aber die Mühe hatte sich gelohnt. Er brachte tatsächlich Zucker nach Hause, der in altes Mehlsackpapier eingerollt war. Plötzlich stieg er wieder auf sein Moped. Er besaß keine Löffel, und seine Gäste mußten doch den Kaffee umrühren! Im Dorf fand er zwar nur Eßlöffel, aber es waren immerhin Löffel.

Inzwischen hatte das Kaffeewasser gekocht, und wir wurden zu Tisch gebeten. Da merkte Monsieur Henoch, daß noch die Milch fehlte. Er nahm zum dritten Mal sein Moped und tuckerte wieder ins Dorf. Schließlich schien alles komplett ... bis wir mit dem Essen anfangen wollten. Da mußte sogar Monsieur Henoch lachen, denn er hatte bei aller Aufregung ganz und gar das Brot vergessen! Eins seiner Kinder flitzte los zum Dorfbäcker und kam bald mit drei langen Meterbroten zurück.

Nun konnten wir endlich frühstücken. Monsieur Henoch setzte sich aufatmend in den Schatten vor sein Haus. Was die Weißen doch alles brauchten!

Um 9 Uhr begann der Festgottesdienst, und ihr werdet es kaum glauben, aber es wurden höchstens vier Lieder gesungen. Warum wohl? Ganz einfach: weil alle heiser waren!

Der Gemeindeleiter schaffte es mit schwacher Stimme gerade noch, die Bekanntmachungen zu geben, und ein junger Mann leitete den Abschlußgesang.

Dann war das Weihnachtsfest zu Ende, und alle Leute zerstreuten sich bald in die verschiedenen Richtungen. Die meisten hatten noch einen langen Fußmarsch vor sich, ehe sie zu Hause waren.

Wir bekamen noch einmal Reis und Hühnersoße vorgesetzt, und dann fragten wir, ob wir auch nach Hause fahren dürften. Bei den Baoulés kann man nämlich nicht einfach aufstehen und gehen, wann man will. Das wäre furchtbar unhöflich. Zuerst bittet man »um die Straße«, und erst wenn der Gastgeber einverstanden ist, darf man sich verabschieden.

Monsieur Henoch erwiderte also höflich:

»Ihr habt die Straße.«

Als Abschiedsgeschenk überreichte er uns noch einen dikken, prächtigen Hahn. Da hatten wir gleich einen leckeren Weihnachtsbraten!

Weihnachten einmal ganz anders

Nach unserer Buschfeier kam die Familienfeier, und die sollte dieses Mal anders verlaufen als sonst immer. Schon lange hatte es unsere Eltern gestört, daß wir ausgerechnet zu Weihnachten nie richtig stillsaßen, wenn aus der Bibel gelesen wurde. Auch beim Singen waren wir nicht so mit ganzem Herzen dabei. Den Grund könnt ihr euch sicher denken. Wir waren eben gespannt auf unsere Geschenke und neugierig, was wohl in den Päckchen war, die in der Adventszeit angekommen waren.

Wir verteilten also unser Familienweihnachtsfest auf zwei Tage. Am ersten gab es nur die Bescherung. Wir hatten zwar ein paar Kerzen angezündet, aber sonst begnügten wir uns damit, einfach alle Geschenke und Päckchen auszupacken. Das wurden ganz gemütliche Stunden. Dirk saß bald am Tisch und probierte an seinem neuen Puzzle herum. Ralph dagegen baute voller Hingabe mit den neuen Bauklötzen, die wir drei Großen zusammen mit Papa zurechtgesägt und schön glattgeschmirgelt hatten. Martin saß ganz still in einer Ecke und knobelte an seinem neuen Geduldspiel herum. Christoph besah sich sein großes Sachbuch, und Papa und Mama bewunderten in Ruhe das tolle Gewürzbord von Martin, die Lesezeichen von Ralph, das verzierte Briefpapier von Dirk und den Briefständer von Christoph.

Auf dem Tisch stand ein Teller mit Plätzchen, von dem wir uns zwischendurch bedienten, und die Stunden vergingen so schnell, daß wir uns wunderten, als es nachher Zeit zum Aufräumen und zum Abendessen war.

Am nächsten Tag kam dann unsere richtige Weihnachtsfeier. Dazu schmückten wir die Stube, so gut es in den Tropen eben geht. Wir stellten Kerzen und Transparente auf, behängten die Stehlampe mit Strohsternen und holten ein paar blühende Zweige von draußen herein. Unsere Mutter packte die Krippenfiguren aus, baute sie auf dem Tisch auf und stellte eine Schale mit Wasser, in der eine dicke Kerze stand, daneben.

Da waren wir gespannt, was das geben würde. Wir sollten es bald erfahren!

Unsere Feier fing mit Weihnachtsliedern an. Wenn wir auch nicht so viel Ausdauer beim Singen hatten wie die Baoulés, so nahmen wir uns doch Zeit, ein richtiges Wunschliedersingen zu veranstalten. Manche Lieder hatte Martin auf dem Klavier eingeübt, andere wieder konnte Christoph mit der Gitarre begleiten. Dann schlugen wir die Bibel auf, aber nicht etwa nur unser Vater, sondern wir alle. Jeder hatte seine Bibel auf dem Schoß, und reihum lasen wir aus dem Alten Testament die Verse, in denen Jesu Geburt verheißen wurde.

Als wir Jesaja 60, Vers 2 lasen, zündete Mama die große Kerze in der Wasserschale an. Dort steht nämlich:

»Denn siehe, Finsternis bedeckt das Erdreich und Dunkel die Völker. Aber über dir geht auf der Herr, und seine Herrlichkeit erscheint über dir.«

Mit Jesus kam Licht und Herrlichkeit in die dunkle Welt. Nun habt ihr es vielleicht schon erraten. Die dicke Kerze stellte das Licht Jesu dar und die Schale mit Wasser die Welt, in die Jesu Licht gekommen ist.

Aber damit war Gottes Plan noch nicht zu Ende. Er wollte, daß das Licht die ganze Welt erhellte.

Zuerst kam das Licht nach Asien, denn dort ist Jesus schließlich geboren. Der kleinen asiatischen Stadt Bethlehem wurde der Herr verheißen. Das könnt ihr in Micha 5, Vers 1 nachlesen. Dort fanden ihn auch die Weisen aus dem Morgenland, und das waren die ersten Gläubigen in Asien. Später, an Pfingsten, wurde in Jerusalem die erste Gemeinde gegründet, und die Apostel reisten durch das ganze Land, um Licht in die Finsternis zu bringen. Unsere Mutter nahm eine gelbe, kleine Schwimmkerze, zündete sie an, setzte sie auf das Wasser neben die dicke Kerze und sagte:

»Der erste Kontinent, der das Licht Jesu sah, war also Asien.«

Papa erzählte uns nun, wie es heute in Asien aussieht. Denkt nur, obwohl dort zu allererst das Licht erschien, ist es dort heute noch ganz dunkel. In den kommunistischen Ländern gibt es nur 0,2 % Christen und in den anderen Ländern auch nur 1,1 % Menschen, die an Jesus glauben. Das bedeutet, daß zwischen

100 Leuten höchstens einer ist, der Jesus liebhat. Und trotz der großen Finsternis kommt auf 91 000 Menschen nur ein einziger Missionar, der von diesem Licht weitersagt. Weil wir einige von diesen Missionaren kennen, haben wir erst einmal für sie gebetet, daß sie doch helle Lichter sein können.

Von Asien kam das Licht dann zuerst nach Afrika. Die Geschichte von der Flucht Jesu mit seinen Eltern nach Ägypten kennt ihr sicher auch. Wir lasen sie in unseren Bibeln und hinterher gleich die Verse aus Apostelgeschichte 8. Dort wird der Kämmerer aus dem Mohrenland gläubig, und das war natürlich der erste afrikanische Christ. Mama zündete eine braune Schwimmkerze an, setzte sie auf das Wasser und sagte:

»Der zweite Kontinent, der Jesu Licht sah, war Afrika.«

Papa erzählte uns, daß es heute 8,5 % Christen in Afrika gibt und es auf 20 200 Menschen einen Missionar gibt. Es ist also doch noch ziemlich dunkel in Afrika, und wir beteten für alle Missionare, die mit uns hier in diesem Erdteil sind.

Wohin kam das Licht dann? Wir lasen von Paulus' Missionsreise nach Mazedonien. Er brachte das Licht nach Europa. Die erste Gläubige in Europa war eine Frau. Sie hieß Lydia.

Für Europa zündete unsere Mutter eine weiße Kerze an und setzte sie auf unseren kleinen Ozean. Nun war es schon in drei Erdteilen hell geworden.

Wir dachten, in Europa sei nun nicht mehr viel Finsternis, denn da gibt es doch so viele Kirchen und Kapellen, da gibt es Zeltmissionen, Großevangelisationen und viele christliche Bücher. Darum waren wir ganz erstaunt, als Papa uns vorlas, daß es in Deutschland zwar 9 % Gläubige gibt, in Frankreich aber nur 0,5 % und in Spanien noch weniger. Da war es wohl nötig, daß wir auch für alle Pastoren, Prediger und Missionare in Europa beteten!

Für Amerika setzte unsere Mutter eine rote Kerze auf das Wasser, denn auch dorthin kam Jesu Licht und Herrlichkeit. In Nordamerika gibt es sogar 20 % Christen, in Südamerika allerdings nur 6 bis 7 %, und viele Indianerstämme leben noch ganz in der Finsternis. Wir beteten für alle Missionare in Brasilien, Chile, Panama und in den anderen Ländern.

Schließlich blieb uns noch eine grüne Schwimmkerze, und die zündeten wir für Australien an. Dort gibt es zwar 15 %

Gläubige, aber viele Stämme auf den Inseln wissen noch gar nichts von Jesus, und darum beteten wir auch für Australien.

Um die dicke Kerze schwammen nun fünf kleine. Über die ganze Welt wurde das Licht verbreitet, das Jesus zu Weihnachten auf diese Welt brachte. Aber eins hatten wir bei unserer Weihnachtsfeier zum ersten Mal richtig verstanden: Weihnachten ist noch gar nicht zu Ende! Weihnachten war nur der Anfang! Es ist Gottes Wille, daß jeder von uns mithilft, Jesu Licht auf der ganzen Welt zu verbreiten. Und da haben wir noch eine Menge zu tun!

Quellennachweis:

Die Zahlenangaben im letzten Kapitel wurden dem Buch »Gebet für die Welt« von Patrick J. St. G. Johnstone entnommen.

TELOS-Jugendbücher und TELOS-Kindertaschenbücher

TELOS-Jugendbücher

3501 Heinz Schäfer
Die doppelte Mutprobe
3502 Bernhard Palmer
Ted und Terri und der listige Trapper
3503 Bernard Palmer
Ted und Terri und der verrückte Trompeter
3505 Esther Secretan
Im shop-ville fing es an
3506 Florence M. Knight
Ellens Abenteuer im indischen Hochland
3507 Heinz Schäfer
Nebel rings um Ursula
3509 Madeleine Secretan
Tante Caros Erbe
3510 Heinz Böhm
Vaters dunkl. Geheimn.
3511 Dorothy R. Pape
Jiro, der Junge, der sterben wollte
3513 Elsie J. Alexander
David setzt auf Sieg
3514 Christine Courtney
Triumph für Tim
3515 H.-M. Dannenberg
Du hast mein Herz bezwungen
3522 Heinz Böhm
Die Stunde d. Abrechn.
3523 Anny Wienbruch
Friedrun und ihr Pferd
3524 June Hunt
Vor allem anderen
3526 Gwenda R. Steward
Der Junge, der zweimal lebte
3527 Hugh Steven
Die Nacht der Buschmesser
3530 I. W. Weiberg
Der Weg nach Verina
3531 Dorle Pusch
Wir Missionarskinder erzählen
3533 Anny Wienbruch
Sei tapfer, Angela!
3535 Ella Andersen
Der Berg, der sprechen konnte
3536 Gwenda R. Steward
In Fern-Ost erlebt
3537 Elle J. MacLeod
Alaska Star
3538 Helen Humphries
Wirbel um Gabi
3540 Esther Secretan
Tiefer als die Westentasche
3541 Walter Meyer
Biblische Rätsel – für helle Köpfe Bd. I
3544 Ella Anderson
Das Pferd Cilana
3545 I. W. Weinberg
Entscheidung in Cimi
3546 Eleanor Watkins
Der geheimnisvolle Garten
3547 Kurt Witzenbacher
Wie war das noch . . .?
3548 Wolfgang Heiner
Sie scheuten nicht den Flammentod
3549 Joh. Osberghaus
Kleines Bibelseminar
3553 Ella Anderson
Im Schneesturm verirrt
3554 Walter Meyer
Biblische Rätsel – für helle Köpfe, Bd. II
3555 Gladys M. Cook
Sie kam aus den Slums
3556 Hans Hoffmann
Polizei jagt Schmuggler-Dschunke
3557 Anny Wienbruch
Sabine sucht ihren Weg
3558 Elsbeth Walch
Laß noch eine Kerze brennen
3559 Hildegard Krug
Gott liebt auch dich
3561 Jean Dye Johnson
Er säte fünf Körner
3562 Margaret Epp
Sarah sucht eine Freundin
3564 Regina Lambert
Valerie's Abenteuer
3565 Bernhard Palmer
Frosty Roberts und das versteckte Kleinod
3566 Klaus Berger
Marco entdeckt die Bienenstadt
3568 Mary Classen
Harter Fels für nackte Füße
3569 Jörg Wehr
Susanne w. erwachsen
3570 Alfred Salomon
Der Rauhreiter Gottes
3577 Bernhard Palmer
Danny Orlis und die seltsamen Waldbrände
3578 Bernhard Palmer
Danny Orlis und das Flugzeugwrack
3579 Bernhard Palmer
Danny Orlis und die sprechenden Felsen
3580 Bernhard Palmer
Danny Orlis in der heiligen Höhle
3581 Bernhard Palmer
Danny Orlis in der Mannschaft
3582 Bernhard Palmer
Danny Orlis und der Schatz in Angle Inlet
3583 Bernhard Palmer
Danny Orlis und der Junge, der mit dem Leben spielte
3584 Bernhard Palmer
Danny Orlis und das Abenteuer i. Guatemala
3585 Bernhard Palmer
Danny Orlis und das Geheimnis der Bergschlucht
3601 Yvonne Simonet
Das Geheimnis um die verschw. Perlenkette

TELOS-Kindertabus

3005 Ruth Frey
Hör mal, Tante Ruth
3006 Hedwig Andrae
Ein königlich Kind
3007 Hildegard Krug
Die Leuchtraketchen
3013 Kim Simmons
Das Rätsel des Drachenturmes
3015 Ella Anderson
Der verl. Leuchtturm
3017 Elli Kühne
Schlüpp u. d. Lederhosen eine Nr. größer
3019 Ohles/Hajak
Drei Mädchen um Markus
3020 Dennis W. Boreham
Mit Struppi a. d. Flucht
3021 Grace Cowling
Lisa und Kipp . . .
3022 Ellen MacLeod
Die geheimn. Glocke
3023 Hildegard Krug
Die Roten Adler . . .
3024 Marie Jürgenmeyer
Rita packt es doch
3026 Walter Schinzer
Schatzsucher
3027 Ruth Frey
mutig, standhaft – kaum zu glauben
3029 Hildegard Krug
Es weihnachtet wieder
3030 Hildegard Krug
Der Stachelkaktus und a. Kindergeschichten
3031 Eva-Johanna Hajak
Bei uns geht's rund
3032 Wolfgang Heiner
Noch fünf Sekunden bis zum Tod
3033 Hildegard Krug
Es wichtelt ganz heimlich bei Wisselmanns
3034 A. Ahlborn/A. Pielenz
Reinhard kommt doch zurecht
3035 Herrmann/Langenfeld
Juttas neue Welt
3036 Gudrun Wagner
Kurs halten – Stefan
3037 Hildegard Krug
Die glücklichen Geschwister